Richard Wagner · Über das Dirigiren
Herausgegeben und kommentiert von Egon Voss

MUSIKWISSENSCHAFTLICHE SCHRIFTEN DER HOCHSCHULE FÜR MUSIK UND THEATER MÜNCHEN

Herausgegeben von Siegfried Mauser und Claus Bockmaier

SONDERBAND

Richard Wagner
Über das Dirigiren (1869)

Studienausgabe
herausgegeben und kommentiert von
Egon Voss

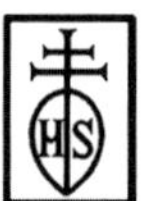

VERLEGT BEI HANS SCHNEIDER · TUTZING

RICHARD WAGNER
ÜBER DAS DIRIGIREN
(1869)

Studienausgabe

herausgegeben und kommentiert
von
Egon Voss

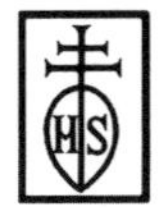

VERLEGT BEI HANS SCHNEIDER · TUTZING
2015

Der Band wurde gefördert vom Muskwissenschaftlichen Institut
der Hochschule für Musik und Theater München

Die Deutsche Bibliothek verzeichnet diese Publikation in der
Deutschen Nationalbibliographie; detaillierte bibliographische Daten
sind im Internet über http://dnb.ddb.de abrufbar.

ISBN 978-3-86296-084-2

Redaktion und Layout: Dr. Claus Bockmaier
Notensatz: Felicitas Schwab

Belichtung und Druck: Printservice Bokor, 83646 Bad Tölz
Bindung: Verarbeitung Georg Bauer, 85622 Weißenfeld
Gedruckt auf alterungsbeständigem Papier
www.schneider-musikbuch.de

Inhalt

Über das Dirigiren
(1869)

Motto nach Goethe:

„Fliegenschnauz' und Mückennas'
Mit euren Anverwandten,
Frosch im Laub und Grill' im Gras,
Ihr seid mir Musikanten!"

Mit dem Folgenden beabsichtige ich meine Erfahrungen und Beobachtungen auf einem Felde der musikalischen Wirksamkeit mitzutheilen, welches bisher für die Ausübung nur der Routine, für die Beurtheilung aber der Kenntnißlosigkeit überlassen blieb. Ich werde für mein eigenes Urtheil über die Sache mich nicht auf die Dirigenten selbst, sondern auf die Musiker und Sänger berufen, weil diese allein das richtige Gefühl dafür haben, ob sie gut oder schlecht dirigirt werden, worüber sie allerdings nur dann sich aufklären können, wenn sie, was eben nur sehr ausnahmsweise geschieht, einmal gut dirigirt werden. Hierfür gedenke ich nicht mit der Aufstellung eines Systemes, sondern durch Aufzeichnung einer Reihenfolge von Wahrnehmungen zu verfahren, welche ich gelegentlich fortzusetzen mir vorbehalte.

Unstreitig kann es den Tonsetzern nicht gleichgiltig sein, in welcher Weise vorgetragen ihre Arbeiten dem Publikum zu Gehör kommen, da dieses sehr natürlich erst durch eine gute Aufführung von einem Musikwerke den richtigen Eindruck erhalten kann, während es den durch eine schlechte Aufführung hervorgebrachten unrichtigen Eindruck als solchen nicht zu erkennen vermag. Wie es nun aber um die allermeisten Aufführungen nicht nur von Opern, sondern

---

Titel und Jahreszahl: *vgl. Quellen* A_1 A_2 D_1 D_2.

(1869)] Die Jahreszahl verweist auf das Jahr der Entstehung der Schrift. Die hier vorgelegte Fassung erschien 1873 (vgl. Quellen).

Motto: *fehlt* A_1 A_2 D_1 *vgl. Quellen* A_2.

Motto nach Goethe *bis* Ihr seid mir Musikanten!"] Im *Walpurgisnachtstraum* in *Faust I* heißt es Vers 4251-4254: ORCHESTER TUTTI. FORTISSIMO. Fliegenschnauz' und Mükkennas' / Mit ihren Anverwandten, / Frosch im Laub und Grill' im Gras, / Das sind die Musikanten! (zitiert nach: *Goethes Werke*, Bd. III, S. 133).

11: fortzusetzen mir vorbehalte.] Die Schrift war von vornherein als „Fortsetzungsgeschichte" gedacht, was ihren unsystematischen Charakter und ihre lockere Fügung erklärt. Vgl. den Abschnitt *Entstehung* im *allgemeinen Kommentar.*

auch von Konzertmusikwerken in Deutschland steht, wird Manchem zu Bewußtsein kommen, wenn er meiner Beleuchtung der Elemente solcher Aufführungen mit Aufmerksamkeit und einiger Kenntniß folgt.

Die dem hierin Erfahrenen sich bloßstellenden Schwächen der deutschen Orchester, sowohl im Betreff ihrer Beschaffenheit als ihrer Leistungen, rühren zu allermeist von den nachtheiligen Eigenschaften ihrer Dirigenten, als Kapellmeistern, Musikdirektoren u. s. w. her. Die Wahl und Anstellung derselben wird von den obersten Behörden der Kunstinstitute ganz in dem Maaße kenntnißloser und nachlässiger ausgeführt, als die Anforderungen an die Orchester schwieriger und bedeutender geworden sind. Als die höchsten Aufgaben für das Orchester in einer Mozart'schen Partitur enthalten waren, stand an der Spitze desselben der eigentliche deutsche Kapellmeister, stets ein Mann von gewichtigem Ansehen (mindestens am Orte), sicher, streng, despotisch, und namentlich grob. Als letzter dieser Gattung wurde mir Friedrich Schneider in Dessau bekannt; auch Guhr in Frankfurt gehörte noch zu ihr. Was diese Männer und ihres Gleichen, welche man in ihrem Verhalten zur neueren Musik als „Zöpfe" zu bezeichnen hatte, in ihrer Art Tüchtiges zu leisten vermochten, erfuhr ich noch vor etwa acht Jahren durch eine Aufführung meines „Lohengrin" in Karlsruhe unter der Leitung des alten Kapellmeisters Strauß. Dieser höchst würdige Mann stand offenbar mit besorglicher Scheu und Befremdung vor meiner Partitur: aber seine Sorge trug sich nun eben auch auf die Leitung des Orchesters über, welche nicht präziser und kräftiger zu denken war; man sah, ihm gehorchte Alles, wie einem Manne, der keinen Spaß versteht und seine Leute in den Händen hat. Merkwürdiger Weise war dieser alte Herr auch der

---

1: zu] zum A_1 A_2 D_1.

14: Friedrich Schneider] F. S. (1786-1853), seit 1821 Hofkapellmeister in Dessau. Wagner erlebte ihn beim Musikfest in Dessau vom 11. bis 13. Juni 1835, bei dem Schneider sein eigenes Oratorium *Absalom* (11. Juni) sowie Beethovens V. Symphonie (13. Juni) dirigierte (*Richard Wagner und Magdeburg*, S. 158; ML, S. 110; vgl. auch SBr 1, S. 206). Anlässlich eines Besuchs Schneiders in Dresden am 7. November 1846 hielt Wagner eine Rede auf ihn (SSD XVI, S. 61f.). Im 19. Jahrhundert war Schneider vor allem durch sein Oratorium *Das Weltgericht* bekannt (erste Aufführung 1820).

15: Guhr] Carl Wilhelm Ferdinand G. (1787-1848), von 1821 bis 1848 Kapellmeister in Frankfurt am Main. Dort hörte Wagner im August 1835 eine von Guhr geleitete Aufführung von Mozarts *Zauberflöte* (ML, S. 117).

16: ihres] ihre A_2 D_1 D_2 D_3.

18-19: Aufführung meines „Lohengrin" in Karlsruhe] Gemeint ist die Aufführung am 26. Mai 1862 mit Ludwig Schnorr von Carolsfeld in der Titelrolle.

19: Kapellmeisters Strauß] Joseph S. (1793-1866), von 1824 bis 1863 Hofkapellmeister in Karlsruhe.

einzige mir vorgekommene namhafte Dirigent, welcher wirkliches Feuer hatte; seine Tempi waren oft eher übereilt als verschleppt, aber immer körnig und gut ausgeführt. – Einen ähnlichen guten Eindruck erhielt ich von der gleichen Leistung H. Esser's in Wien.

Was diese Gattung von Dirigenten alten Schrotes, wenn sie weniger begabt waren als die Genannten, beim Aufkommen der komplizirteren neueren Orchestermusik für die Bildung der Orchester endlich ungeeignet machen mußte, war zuvörderst eben ihre alte Gewöhnung im Betreff der früher nöthig oder genügend dünkenden Besetzung derselben, wofür man sich genau nur nach den dargebotenen Aufgaben gerichtet hatte. Mir ist kein Beispiel bekannt geworden, daß irgendwo in Deutschland der Etat eines Orchesters aus Rücksicht auf die Erfordernisse der neueren Instrumentation grundsätzlich umgestaltet worden wäre. Nach wie vor rücken in den großen Orchestern die Musiker nach dem Anziennitätsgesetze zu den Stellen der ersten Instrumente herauf, und nehmen folgerichtig erst bei eingetretener Schwächung ihrer Kräfte die ersten Stimmen ein, während die jüngeren und tüchtigeren Musiker an den zweiten sitzen, was besonders bei den Blasinstrumenten sehr nachtheilig bemerkbar wird. Ist es nun wohl in neuerer Zeit einsichtigen Bemühungen, und namentlich auch der bescheidenen Erkenntniß der betreffenden Musiker selbst zu verdanken, daß diese Übelstände sich immer mehr vermindern, so hat hingegen ein anderes Verfahren zu andauernd nachtheiligen Folgen geführt, nämlich in der Besetzung der Streichinstrumente. Hier wird ohne alles Besinnen fortwährend die zweite Violine, vor Allem aber die Bratsche aufgeopfert. Dieses letztere Instrument wird überall zum allergrößten Theile von invalid gewordenen Geigern, oder auch von geschwächten Bläsern, sobald diese irgend einmal auch etwas Geige gespielt haben, besetzt; höchstens sucht man einen wirklich guten Bratschisten an das erste Pult zu bringen, namentlich der hie und da vorkommenden Soli wegen; doch habe ich auch erlebt, daß man für diese sich mit dem Vorspieler der ersten

---

1: hatte;] hatte: A_1 A_2 D_1.

4: H. Esser] Heinrich E. (1818-1872), von 1847 bis 1869 Kapellmeister an der Hofoper in Wien. Er leitete die Aufführung des *Lohengrin* in Wien am 15. Mai 1861, der Wagner beiwohnte. Dass Esser, der jünger war als Wagner selbst, hier im Zusammenhang mit den eine Generation älteren Kapellmeistern genannt wird, ist überraschend, zumal es Esser war, der die berüchtigten und schließlich abgebrochenen Wiener *Tristan*-Proben geleitet hatte. Jedoch war Wagner mit Esser persönlich gut bekannt, und dieser hatte 1868-1869 einen Klavierauszug zu den *Meistersingern von Nürnberg* erarbeitet.

15: Stimmen] Stellen A_2.

18: und namentlich] namentlich A_1 A_2 D_1.

25: geschwächten] zahnlos oder lippenschwach gewordenen A_1.

27: da] da selten A_1 A_2.

Violine aushalf. Mir wurde in einem großen Orchester von acht Bratschisten nur ein einziger bezeichnet, welcher die häufigen schwierigen Passagen in einer meiner neueren Partituren korrekt ausführen konnte. Das hiermit erwähnte Verfahren war nun, wie es aus humanen Rücksichten zu entschuldigen war, von dem Charakter der früheren Instrumentation, nach welchem die Bratsche meist nur zur Ausfüllung der Begleitung gebraucht wurde, eingegeben, und fand auch bis in die neuesten Zeiten eine genügende Rechtfertigung durch die unwürdige Instrumentirungsweise der italienischen Opernkomponisten, deren Werke ja einen so wesentlichen und beliebten Bestandtheil des deutschen Opernrepertoir's ausmachen. Da auf diese Lieblingsopern auch von den großen Theaterintendanten, nach dem rühmlichen Geschmacke ihrer Höfe, am allermeisten gehalten wird, so ist es auch nicht zu verwundern, daß Anforderungen, welche sich auf diesen Herren durchaus unbeliebte Werke begründen, bei ihnen nur dann durchzusetzen sein würden, wenn der Kapellmeister eben ein Mann von Gewicht und ernstem Ansehen wäre, und wenn er namentlich selbst recht ordentlich wüßte, was für ein heutiges Orchester nöthig ist. Dieses Letztere entging nun größtentheils unseren älteren Kapellmeistern; ihnen entging namentlich auch die Einsicht in die Nothwendigkeit, die Saiteninstrumente unserer Orchester, gegenüber der so sehr gesteigerten Anzahl und Verwendung der Blasinstrumente, im entsprechenden Maaße zu vermehren; denn was auch neuerdings in dieser Hinsicht nothdürftig geschah, da das Misverhältniß nun doch gar zu offenbar wurde, genügte nie, um hierin die so berühmten deutschen Orchester auf gleiche Höhe mit den französischen zu bringen, welchen sie in der Stärke und Tüchtigkeit der Violinen, und namentlich auch der Violoncelle, durchweg noch nachstehen.

Was nun jenen Kapellmeistern vom alten Schrot entging, das zu erkennen und auszuführen wäre jetzt die erste und rechte Aufgabe der Dirigenten neueren Datum's und Styles gewesen. Dafür war aber gesorgt, daß diese den Intendanten nicht gefährlich wurden, und daß namentlich auf sie nicht die wuchtvolle Autorität der tüchtigen „Zöpfe" der früheren Zeit überging.

Es ist wichtig und lehrreich zu ersehen, wie diese neuere Generation, welche jetzt das gesammte deutsche Musikwesen vertritt, zu Amt und Würden gelangte. – Da wir zunächst dem Bestehen der großen und kleinen Hoftheater, sowie der

---

1: in einem großen Orchester] Nach Quelle A_1 handelte es sich um das Münchener Hofopernorchester; vgl. nachfolgende Lesart.

1-2: Mir *bis* bezeichnet] In München wurde mir, unter 8 Bratschisten, nur ein einziger genannt A_1.

2-3: einer meiner neueren Partituren] meiner Tristan-Partitur A_1.

9: einen so] einen D_2 D_3.

21: nun] denn A_2. gar zu] ganz A_1.

Theater überhaupt, die Unterhaltung von Orchestern zu verdanken haben, müssen wir es uns auch gefallen lassen, daß durch die Direktionen dieser Theater der deutschen Nation diejenigen Musiker bezeichnet werden, welche sie für berufen halten, oft halbe Jahrhunderte hindurch die Würde und den Geist der deutschen Musik zu vertreten. Die meisten dieser so beförderten Musiker müssen wissen, wie sie zu dieser Auszeichnung kamen, da an den wenigsten unter ihnen es für das ungeübte Auge ersichtlich ist, durch welche Verdienste sie dazu gelangten. Der eigentliche deutsche Musiker erreichte diese „guten Posten“, als welche sie von ihren Patronen wohl einzig betrachtet wurden, zumeist durch die einfache Anwendung des Gesetzes der Trägheit: man rückte aufwärts, schubweise. Ich glaube, daß das große Berliner Hoforchester seine meisten Dirigenten auf diesem Wege erhalten hat. Mitunter ging es jedoch auch sprungweise her: ganz neue Größen gediehen plötzlich unter der Protektion der Kammerfrau einer Prinzessin u. s. w. Von welchem Nachtheile diese autoritätslosen Wesen für die Pflege und Bildung unserer allergrößten Orchester und Operntheater geworden sind, ist nicht genug zu ermessen. Gänzlich verdienstlos, konnten sie sich in ihrer Stellung nur durch Unterwürfigkeit gegen einen kenntnißlosen, gewöhnlich aber allesverstehenwollenden obersten Chef, sowie durch einschmeichelnde Anbequemung an die Forderungen der Trägheit gegen die ihnen untergebenen Musiker behaupten. Durch Preisgebung aller künstlerischen Disziplin, zu deren Aufrechterhaltung sie andererseits gar nicht befähigt waren, sowie durch Nachgiebigkeit und Gehorsam gegen jede unsinnige Zumuthung von oben, schwangen sich diese Meister sogar zu allgemeiner Beliebtheit auf. Jede Schwierigkeit des Studiums ward mit einer salbungsvollen Berufung auf den „alten Ruhm der N. N. Kapelle“ unter gegenseitigem Schmunzeln überwunden. Wer bemerkte es nun, daß die Leistungen dieses ruhmreichen Institutes von Jahr zu Jahr tiefer sanken? Wo waren die wirklichen Meister, diese zu beurtheilen? Gewiß nicht unter den Rezensenten, welche nur bellen, wenn ihnen der Mund nicht zugestopft wird; auf dieses Stopfen aber verstand man sich allseitig.

In neueren Zeiten werden nun diese Dirigentenstellen aber auch durch besonders Berufene besetzt: man läßt, je nach Bedürfniß und Stimmung der obersten Direktion, von irgend woher einen tüchtigen Routinier kommen; und dieß geschieht, um der Trägheit der landesüblichen Kapellmeister eine „aktive Kraft“ einzuimpfen. Dieß sind die Leute, welche in vierzehn Tagen eine Oper „heraus-

---

2: Direktionen] Chefs A_1 Directoren A_2.

18: einschmeichelnde] eine schmeichelnde D_1 D_2 D_3.

20: künstlerischen] künstlerischer D_1 D_2.

21: Aufrechterhaltung] Aufrechthaltung A_2.

28: zugestopft] gestopft A_1 A_2 D_1.

30: auch] oft auch A_1 A_2.

bringen", sehr stark zu „streichen" verstehen, und den Sängerinnen effektvolle „Schlüsse" in fremde Partituren hineinkomponiren. Einer solchen Geschicklichkeit verdankt die Dresdener Hofkapelle einen ihrer rüstigsten Dirigenten.

Aber auch nach wirklichem Rufe wird zu Zeiten ausgegangen: es müssen „musikalische Größen" herbeigezogen werden. Die Theater haben keine solche aufzuweisen: aber die Singakademien und Konzertanstalten liefern deren welche, namentlich nach den Anpreisungen der Feuilleton's der großen politischen Zeitungen, ziemlich alle zwei bis drei Jahre. Dieß sind nun unsere heutigen Musikbanquier's, wie sie aus der Schule Mendelssohn's hervorgegangen sind, oder durch dessen Protektion der Welt empfohlen wurden. Das war nun allerdings ein anderer Schlag Menschen als die hilflosen Nachwüchse unserer alten Zöpfe, – nicht im Orchester oder beim Theater aufgewachsene Musiker, sondern in den neu gegründeten Konservatorien wohlanständig aufgezogen, Oratorien und Psalmen komponirend, und den Proben der Abonnementskonzerte zuhörend. Auch im Dirigiren hatten sie Unterricht bekommen, und besaßen zu dem eine elegante Bildung, wie sie bisher bei Musikern gar nicht vorgekommen war. An Grobheit war jetzt gar nicht mehr zu denken; und was bei unseren armen eingeborenen Kapellmeistern ängstliche, selbstvertrauenslose Bescheidenheit war, äußerte sich bei ihnen als guter Ton, zu welchem sie außerdem durch ihre etwas befangene Stimmung unserem ganzen deutsch-zöpfischen Gesellschaftswesen gegenüber sich angehalten fühlten. Ich glaube, daß diese Leute manchen guten Einfluß auf unsere Orchester ausgeübt haben: gewiß ist viel Rohes und Tölpelhaftes hier verschwunden, und manches Detail im eleganten Vortrage seitdem besser beachtet und ausgebildet worden. Ihnen war das neuere Orchester bereits viel geläufiger, denn in vieler Beziehung verdankte dieses ihrem Meister Mendelssohn eine besonders zarte und feinsinnige Ausbildung auf dem Wege, welchen bis dahin Weber's herrlicher Genius zuerst neu erfinderisch betreten hatte.

Zunächst fehlte diesen Herren aber Eines, um der nöthigen Neugestaltung unserer Orchester und der mit ihnen verbundenen Institute förderlich zu sein: – Energie, wie sie nur ein auf wirklich eigener Kraft beruhendes Selbstvertrauen geben kann. Denn leider war hier Alles, Ruf, Talent, Bildung, ja Glaube, Liebe und Hoffen, künstlich. Jeder von ihnen hat so viel mit sich, und mit der Schwierigkeit seine künstliche Stellung zu behaupten, zu thun, daß er an das Allgemeine, Zusammenhangvolle, Konsequente und Neugestaltende nicht denken kann,

---

3: die] die ehrwürdige A_1 A_2.

verdankt die Dresdener Hofkapelle einen ihrer rüstigsten Dirigenten] Gemeint ist Julius Rietz (1812-1877), 1848-1860 Gewandhauskapellmeister, 1860-1877 als Nachfolger von Carl Gottlieb Reißiger Hofkapellmeister in Dresden.

24: neuere] neue A_2.

33: er] sie A_1 A_2 D_1 D_2.

34: kann] können A_1 A_2 D_1 D_2.

weil dieses ihn, ganz richtig, auch eigentlich gar nichts angeht. Sie sind in die Stellung jener alten schwerschrötigen deutschen Meister eben nur getreten, weil diese gar zu tief herabgekommen und unfähig geworden waren, die Bedürfnisse der neueren Zeit und ihres Kunststyles zu erkennen; und es scheint, daß sie sich in dieser Stellung nur wie eine Übergangsperiode ausfüllend empfinden, während sie mit dem deutschen Kunstideale, dem wieder alles Edle doch einzig zustrebt, nichts Rechtes anzufangen wissen, weil es ihnen im tiefsten Grunde ihrer Natur fremd ist. So verfallen sie schwierigen Anforderungen der neueren Musik gegenüber auch nur auf Auskunftsmittel. Meyerbeer war z. B. sehr delikat; er bezahlte aus seiner Tasche einen neuen Flötisten, der ihm in Paris eine Stelle gut blasen sollte. Da er recht gut verstand, was auf einen glücklichen Vortrag ankommt, außerdem reich und unabhängig war, hätte er für das Berliner Orchester von außerordentlicher Verdienstlichkeit werden können, als ihn der König von Preußen als Generalmusikdirektor dazu berief. Hierzu war nun gleichzeitig aber auch Mendelssohn berufen, dem es doch wahrlich nicht an den ungewöhnlichsten Kenntnissen und Begabungen fehlte. Gewiß stellten sich Beiden dieselben Hindernisse entgegen, welche eben alles Gute in diesem Bereiche bisher gehemmt haben: allein, diese eben sollten sie hinwegräumen, denn dazu waren sie, wie nie Andere wieder, in jeder Hinsicht ergiebig ausgerüstet. Warum verließ sie ihre Kraft? Es scheint: weil sie eben keine Kraft hatten. Sie ließen die Sache stecken: nun haben wir das „berühmte" Berliner Orchester vor uns, in welchem auch noch die letzte Spur selbst der Spontini'schen Präzisionstradition geschwunden ist. Und dieß waren Meyerbeer und Mendelssohn! Was werden nun anderswo ihre zierlichen Schattenbilder ausrichten?

Aus dem Überblicke der Eigenschaften der übrig gebliebenen älteren, wie dieser neuesten Spezies von Kapellmeistern und Musikdirektoren erhellt es, daß

1: ihn] sie A_1 A_2 D_1 D_2. nichts] nicht A_1 A_2 D_1 D_2.

9: Meyerbeer] Giacomo M. (1791-1864), der berühmte Opernkomponist. 1832 wurde ihm der Titel eines preußischen Hofkapellmeisters verliehen, und 1842 ernannte ihn König Friedrich Wilhelm IV. von Preußen zum Generalmusikdirektor in Berlin.

11: blasen] spielen A_1 A_2.

14-15: Hierzu war nun gleichzeitig aber auch Mendelssohn berufen] Felix Mendelssohn Bartholdy (1809-1847) wurde 1842 von König Friedrich Wilhelm IV. von Preußen als „General-Musik-Direktor für kirchliche und geistliche Musik" nach Berlin berufen, wo er aber auch bei den Symphonie-Soireen der Königlichen Kapelle mitwirkte. M. war „the leading figure in the history of conducting during the 1830s and 40s" (The New Grove VI, S. 266); seine Wirkung und sein Einfluss waren, wie Wagners Schrift nachdrücklich belegt, aber auch in der zweiten Hälfte des 19. Jahrhunderts groß.

15-16: wahrlich nicht an den] wahrlich nicht an D_2 D_3.

22: Spontini] Gaspare S. (1774-1851), Opernkomponist, war von 1820 bis 1841 Generalmusikdirektor am preußischen Hof in Berlin. Sein Nachfolger war Meyerbeer.

von ihnen für die Neubildung der Orchester nicht viel zu erwarten stehen kann. Dagegen ist die Initiative zu einer guten Fortbildung derselben bisher immer nur noch von den Musikern selbst ausgegangen, was sich sehr erklärlich von der gesteigerten Ausbildung der technischen Virtuosität herschreibt. Der Nutzen, welchen die Virtuosen der verschiedenen Instrumente unseren Orchestern gebracht haben, ist ganz unläugbar; er würde vollständig gewesen sein, wenn die Dirigenten Das gewesen wären, was sie, namentlich unter solchen Umständen, sein sollten. Dem zöpfischen Überreste unseres alten Kapellmeisterthumes, den stets um ihre Autorität verlegenen Heraufgeschobenen, oder durch Kammerfrauen empfohlenen Klavierlehrern u. s. w., wuchs der Virtuose natürlich sogleich über den Kopf; dieser spielte im Orchester dann etwa die Rolle der Prima Donna auf dem Theater. Der elegante Kapellmeister neuesten Schlages assoziirte sich dagegen mit dem Virtuosen, was in mancher Beziehung nicht unförderlich war, jedenfalls aber nur dann zu einem gemeinsamen Gedeihen des Ganzen geführt hätte, wenn eben das Herz und der Geist des wahren deutschen Musikwesens von diesen Herren gefaßt worden wäre.

Zu allernächst ist aber hervorzuheben, daß sie ihre Stellen, wie überhaupt das ganze Bestehen der Orchester dem T h e a t e r verdankten, und ihre allermeisten Beschäftigungen und Leistungen sich auf die O p e r bezogen. Das Theater, die Oper hatten sie also zu verstehen, und demnach zu ihrer Musik noch etwas Anderes zu erlernen, nämlich, ungefähr wie bei der Astronomie die Anwendung der Mathematik auf diese, so hier die Anwendung der Musik auf die dramatische Kunst. Hätten sie diese, namentlich den dramatischen Gesang und Ausdruck richtig verstanden, so wäre ihnen von diesem Verständnisse aus wieder ein Licht über den Vortrag des Orchesters, namentlich bei den Werken der neuen deutschen Instrumentalmusik, aufgegangen. Meine besten Anleitungen im Betreff des Tempo's und des Vortrages Beethoven'scher Musik entnahm ich einst dem seelenvoll sicher accentuirten Gesange der großen S c h r ö d e r - D e v r i e n t; es war mir seither z. B. unmöglich, die ergreifende Kadenz der Hoboe im ersten Satze der C-moll-Symphonie [Nr. 5]

16: *folgt kein Absatz* A_2 D_1.

18: verdankten] verdanken D_1.

22-23: die Anwendung der Musik auf die dramatische Kunst] In Wagners Augen wurde die seiner Ansicht nach wesentlich dramatische Funktion der Musik in der Oper von seinen Zeitgenossen ignoriert, die die Oper im Sinne der traditionellen Musikästhetik zur Vokalmusik oder sogar, wie Wagner an späterer Stelle seiner Schrift meint (vgl. unten S. 69, 31), zur absoluten Musik rechneten. Die Formulierung kehrt wieder im Titel des 1879 veröffentlichten Aufsatzes *Über die Anwendung der Musik auf das Drama* (GSD X, S. 229-250; SSD X, S. 176-193; Wagner, *Späte Schriften*, S. 191-212).

28-29: Schröder-Devrient;] Schröder-Devrient: A_1 A_2 D_1.
Wilhelmine S.-D. (1804-1860), Sängerin, Verkörperung von Wagners Ideal des singenden Darstellers oder dramatischen Sängers. Wagner erlebte sie mutmaßlich erst-

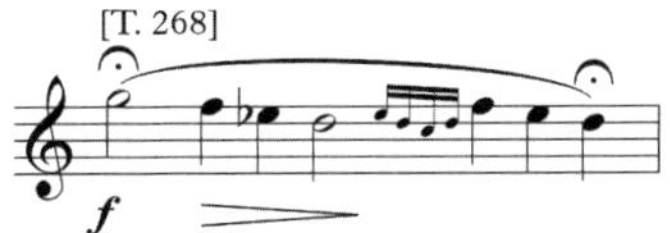

so verlegen herunterblasen zu lassen, wie ich dieß sonst noch nie anders gehört habe; ja, ich empfand nun, von dem mir aufgegangenen richtigen Vortrage dieser Kadenz aus zurückgehend, auch, welche Bedeutung und welcher Ausdruck bereits an der entsprechenden Stelle dem als Fermate ausgehaltenen

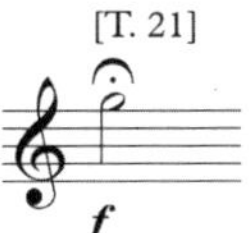

der ersten Violine zu geben sei, und aus dem rührend ergreifenden Eindrucke, den ich von diesen zwei so unscheinbar dünkenden Punkten her gewann, ging mir ein den ganzen Satz belebendes neues Verständniß auf. – Dieß hier nur beiläufig anführend, will ich zunächst bloß angedeutet haben, welche Wechselwirkung zur Vervollständigung der höheren musikalischen Bildung im Betreff des Vortrages dem Dirigenten geboten wäre, wenn er seine Stellung zum Theater, welchem er an und für sich Amt und Würde verdankt, richtig verstünde. Dagegen gilt ihm die Oper (wozu andererseits die elende Pflege dieses Kunstgenre's auf den deutschen Theatern ihm ein trauriges Recht giebt) als eine mit Seufzen zu beseitigende lästige Tagesarbeit, und er setzt seinen Ehrenpunkt dafür in den Konzertsaal, von wo er ausging und berufen wurde. Denn sobald, wie gesagt, eine Theaterintendanz einmal das Gelüste nach einem Musiker von Ruf als Kapellmeister anwandelt, so muß dieser von wo andersher kommen, als eben vom Theater.

Um nun beurtheilen zu können, was ein solcher ehemaliger Konzert- und Singakademie-Dirigent im Theater zu leisten vermag, müssen wir ihn zunächst dort aufsuchen, wo er eigentlich zu Hause ist, und wo sich sein Ruf als „gediegener" deutscher Musiker begründet hat. Wir müssen ihn als Konzertdirigenten beobachten.

---

mals 1832 als Fidelio in Beethovens Oper, vor allem jedoch 1834 als Romeo in Bellinis *I Capuletti ed i Montecchi*. Sie war an drei Wagner'schen Uraufführungen beteiligt, in der Rolle des Adriano in *Rienzi* 1842, als Senta in *Der fliegende Holländer* 1843 sowie als Venus im *Tannhäuser* 1845.

2: aufgegangenen richtigen Vortrage] aufgegangenen Vortrage D_2 D_3.

8: bloß] nur A_2 D_1.

11: welchem] welcher A_1 A_2.

18: *folgt kein Absatz* A_2 D_1.

23: *danach Leerzeile mit horizontalem Trennstrich* A_1.

Von dem Orchestervortrag unserer klassischen Instrumentalmusik ist mir aus meiner frühesten Jugend ein auffallender Eindruck der Unbefriedigung verblieben, welchen ich, sobald ich noch in neuester Zeit einem solchen Vortrage beiwohnte, stets wiederum erhielt. Was mir am Klaviere, oder bei der Lesung der Partitur, im Ausdrucke so seelenvoll belebt erschienen, erkannte ich dann kaum wieder, wie es meistens ganz unbeachtet flüchtig an den Zuhörern vorüberging. Namentlich war ich über die Mattigkeit der Mozart'schen Kantilene erstaunt, die ich mir zuvor so gefühlvoll belebt eingeprägt hatte. Die Gründe hiervon habe ich mir erst später klar gemacht, und sie näher eingehend in meinem „Bericht über eine in München zu errichtende deutsche Musikschule" besprochen, weßhalb ich Denjenigen, der mir hier ernstlich folgen will, bitte, das hierauf Bezügli-

---

1: *Beginn der 1. Fortsetzung* A_2 D_1.

6: wie es meistens] weil es oft A_1. an den Zuhörern] an mir A_1 A_2 D_1.

9-10: „Bericht über eine in München zu errichtende deutsche Musikschule"] „Bericht über eine in München zu errichtende deutsche Musikschule" (München, bei Ch. Kaiser. 1865) A_1 A_2 D_1 D_2.
Der genaue Titel der Erstausgabe dieser Schrift lautet: *Bericht an Seine Majestät den König Ludwig II. von Bayern über eine in München zu errichtende deutsche Musikschule.* Die Schrift erschien als selbständige Publikation 1865 bei Christian Kaiser in München (Faksimiledruck bei Hans Schneider, Tutzing, 1998); siehe auch GSD VIII, S. 159-219; SSD VIII, S. 125-176).

10: Musikschule"] *danach:* *) *und am Fuß der Seite:* *) In diesem achten Bande voranstehend mitgetheilt. D_3.

11-12: das hierauf Bezügliche dort nachzulesen] Die wichtigsten Passagen, auf die sich Wagner bezieht, sind die folgenden: „Um bei dem einfachsten Beispiele, den Instrumentalwerken Mozart's (keineswegs den eigentlichen Hauptwerken des Meisters, denn diese gehören der Oper an) zu verweilen, so ist hier zweierlei ersichtlich: Die bedeutende Erforderniß für den sangbaren Vortrag derselben, und die spärlich vorkommenden Zeichen hierfür in den hinterlassenen Partituren. [...] Zu Haidn gehalten, ist Mozart in seinen Symphonien fast nur durch diesen außerordentlich gefühlvollen Sangescharakter der Instrumental-Themen bedeutend; in ihm liegt ausgedrückt, wodurch Mozart auch in diesem Zweige der Musik groß und erfinderisch war. Hätte es nun in Deutschland ein so autoritätsvolles Institut gegeben, wie für Frankreich das Pariser Conservatoir es ist, und hätte hier Mozart seine Werke ausgeführt, und den Geist ihrer Aufführungen überwachen können, so dürften wir annehmen, daß bei uns eine gültige Tradition dafür etwa in der Art erhalten sein würde, wie im Pariser Conservatoir, [...] Um dieß noch genauer an einem bestimmten Beispiele zu bezeichnen, halte man etwa die ersten acht Takte des zweiten Satzes der berühmten ‚Es-dur-Symphonie' [KV 543] Mozart's, so glatt vorgespielt, wie ihre Bezeichnung durch die Vortragszeichen es nicht anders zu erfordern scheint, damit zusammen, wie ein gefühlvoller Musiker sich dieses wundervolle Thema unwillkürlich vorgetragen denkt; was erfahren wir von Mozart, wenn wir es auf diese Weise farb- und lebenslos vorgeführt erhalten? Eine seelenlose Schriftmusik, nichts anderes. – "

che dort nachzulesen. Gewiß liegen diese Gründe zuvörderst in dem gänzlichen Mangel eines wahrhaften deutschen Musikkonservatoriums, im strengsten Sinne des Wortes, wonach in ihm die genaue Tradition des ächten, von den Meistern selbst ausgeübten Vortrages unserer klassischen Musik durch stete lebendige Fortführung aufbewahrt worden wäre, was natürlich wiederum voraussetzen lassen müßte, daß diese Meister dort selbst dazu gelangt wären, ihre Werke ganz nach ihrem Sinne aufzuführen. Diese Voraussetzung, wie das darauf sich gründende Ergebniß, hat sich leider der deutsche Kultursinn entgehen lassen, und wir sind nun auf die Einfälle jedes einzelnen Dirigenten dafür angewiesen, was dieser etwa von dem Tempo oder dem Vortrage eines klassischen Musikstückes halte, um uns über den Geist desselben zu orientiren.

In meiner Jugendzeit wurden in den berühmten Leipziger Gewandhaus-Konzerten diese Stücke einfach gar nicht dirigirt; sondern unter dem Vorspiele des damaligen Konzertmeisters Matthäi wurden sie, etwa wie die Ouvertüren und Entreakte im Schauspiele, abgespielt. Von störender Individualität des Dirigenten war hier somit gar nichts zu vermerken; außerdem wurden die, an sich keine großen technischen Schwierigkeiten darbietenden Hauptwerke unserer klassischen Instrumentalmusik alle Winter regelmäßig durchgespielt: sie gingen daher recht glatt und präzis; man sah, das Orchester, welches sie genau kannte, freute sich der alljährlichen Wiederbegrüßung der Lieblingswerke.

Nur mit Beethoven's neunter Symphonie wollte es durchaus nicht gehen; dennoch gehörte es zum Ehrenpunkte, auch diese jedes Jahr mit aufzuführen. – Ich hatte mir die Partitur dieser Symphonie selbst kopirt, und ein Klavierarrangement zu zwei Händen davon ausgearbeitet. Wie erstaunt war ich,

---

(zitiert nach der oben unter S. 10, 9f. genannten Erstausgabe, S. 21f.; siehe auch GSD VIII, S. 183ff.; SSD VIII, S. 145f.).

1: diese Gründe] diese D_2 D_3.

2: strengsten] strengen A_2 D_1.

14: Matthäi] Heinrich August M. (1781-1835), Konzertmeister des Gewandhausorchesters in Leipzig. Vgl. Wagners Schilderung der Aufführung von Beethovens IX. Symphonie im Gewandhaus, deren erste drei Sätze vom Konzertmeister geleitet wurden, weil der Gewandhauskapellmeister sich nur für die Vokalmusik zuständig fühlte und folglich erst zum 4. Satz der Symphonie ans Dirigentenpult trat (ML, S. 64f.) Dass Wagners Darstellung keine anekdotische Übertreibung war, bestätigen Einträge im *Leipziger Adreßkalender*; danach „leitet" der „Musikdirector" Johann Philipp Christian Schulz „die Gesangmusik" und der erwähnte „Concertmeister" August Matthäi „die Instrumentalmusik" (Jahrgang 1827, S. 116).

22: gehen;] gehen: A_1 A_2 D_1.

23-24: Ich hatte mir die Partitur dieser Symphonie selbst kopirt, und ein Klavierarrangement zu zwei Händen davon ausgearbeitet.] Wagner stellt es hier so dar, als habe er zunächst die Partitur kopiert, dann den Klavierauszug angefertigt und erst danach die Symphonie in der Aufführung im Gewandhaus erlebt. In Wahrheit verlief es umgekehrt: Wagner hörte das Werk zum ersten Mal am 14. April 1830, und seine Bevon der Aufführung derselben im Gewandhause nur die allerkonfusesten Eindrücke zu erhalten, ja durch diese endlich mich so sehr entmuthigt zu fühlen, daß ich mich vom Studium Beethoven's, über welchen ich hierdurch völlig in Zweifel gerathen war, für einige Zeit gänzlich abwendete. Sehr belehrend war es nun aber für mich, daß auch mein späteres wahres Gefallen an den Mozart'schen Instrumentalwerken erst dann angeregt wurde, als ich selbst Gelegenheit fand, sie zu dirigiren, und hierbei mir es erlaubte, meinem Gefühle für den belebten Vortrag der Mozart'schen Kantilene zu folgen. Von der allergründlichsten Belehrung jedoch ward es für mich, endlich von dem sogenannten Konservatoir-Orchester in Paris im Jahre 1839 die zuletzt mir so bedenklich gewordene „neunte Symphonie" gespielt zu hören. Hier fiel es mir denn wie Schuppen von den Augen, was auf den Vortrag ankäme, und sogleich verstand ich, was hier das Geheimniß der glücklichen Lösung der Aufgabe ausmachte. Das Orchester hatte eben gelernt, in jedem Takte die Beethoven'sche Melodie zu erkennen, welche offenbar unseren braven Leipziger Musikern damals gänzlich entgangen war; und diese Melodie sang das Orchester.

Dieß war das Geheimniß. Und hierzu war man keinesweges durch einen Dirigenten von besonderer Genialität angeleitet worden; Habeneck, welcher sich das große Verdienst dieser Aufführung erwarb, hatte, nachdem er während eines ganzen Winters diese Symphonie probiren gelassen, eben nur den Eindruck der Unverständlichkeit und Unwirksamkeit dieser Musik empfunden, von welchem Eindrucke schwer zu sagen ist, ob ihn ebenfalls zu empfinden deutsche Dirigenten sich bequemt hätten. Dieser bestimmte Jenen aber, die Symphonie ein zweites und drittes Jahr hindurch zu studiren, und demnach nicht eher zu weichen, als bis das neue Beethoven'sche Melos jedem der Musiker aufgegangen, und, da diese eben Musiker vom rechten Gefühle für den melodischen

---

geisterung war so groß, dass er daraufhin die Partitur kopierte und den Klavierauszug herstellte. Zu dem Klavierauszug vgl. RWSW 20, I.

3-4: daß ich mich vom Studium Beethoven's *bis* abwendete] Diese Abwendung erfolgte in Wahrheit erst einige Jahre später, jedenfalls nicht als Folge der Unzulänglichkeit einer Aufführung von Beethovens IX. Symphonie.

10: im Jahre 1839] *fehlt* A_1.
Wagner hörte die IX. Symphonie in Paris sehr wahrscheinlich erst am 8. März 1840; vgl. dazu: Egon Voss, *Richard Wagner Eine Faust-Ouvertüre*, München 1982 (*Meisterwerke der Musik* Heft 31), S. 6f.

zuletzt] seither A_1 A_2.

18: worden;] worden: A_1 A_2.

Habeneck] François Antoine H. (1781-1849), Geiger und Dirigent, Violinprofessor am Pariser Conservatoire und Kapellmeister an der Großen Oper in Paris. Habeneck „still conducted in the old style with a violin bow from the first desk" (The New Grove VI, S. 266).

25: jedem der Musiker] jedem Musiker D_2 D_3.

Vortrag waren, von jedem auch richtig wiedergegeben wurde. Allerdings war Habeneck aber auch ein Musikdirektor vom alten Schrot: er war der Meister, und Alles gehorchte ihm.

Die Schönheit dieses Vortrages der neunten Symphonie bleibt mir noch ganz unbeschreiblich. Um jedoch einen Begriff davon zu geben, wähle ich mir eine Stelle aus, an welcher ich, wie an jeder anderen es mir nicht minder geläufig sein würde, zugleich die Schwierigkeit im Vortrage Beethoven's, wie die geringen Erfolge der deutschen Orchester in der Lösung derselben, nachweisen will. – Nie habe ich, selbst durch die vorzüglichsten Orchester, es später ermöglichen können, die Stelle des ersten Satzes:

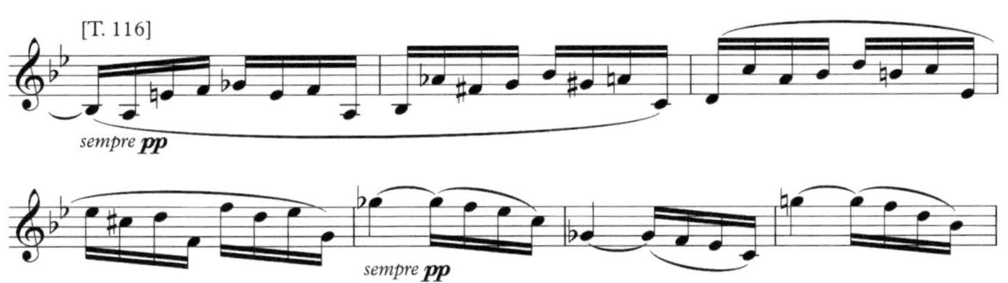

so vollendet gleichmäßig ausgeführt zu erhalten, wie ich dieß damals (vor dreißig Jahren) von den Musikern des Pariser Konservatoir-Orchesters hörte. An dieser einen Stelle ist es mir, bei oft in meinem späteren Leben erneueter Erinnerung, recht klar geworden, worauf es beim Orchestervortrag ankommt, weil sie die Bewegung und den gehaltenen Ton, zugleich mit dem Gesetze der Dynamik in sich schließt. Daß die Pariser diese Stelle genau so ausführen konnten, wie sie vorgeschrieben steht, darin bestand nämlich ihre Meisterschaft. Weder in Dresden, noch in London, an welchen beiden Orten ich später diese Symphonie aufführte, konnte ich dazu gelangen, sowohl den Bogenwechsel wie

---

11-12: (vor dreißig Jahren)] (1839) A_1.

18: Dresden] Wagner dirigierte die IX. Symphonie in Dresden jeweils innerhalb der Palmsonntagskonzerte am 5. April 1846, am 28. März 1847 und am 1. April 1849.

London] Die Londoner Aufführung der IX. Symphonie unter Wagner fand am 26. März 1855 statt (das Konzertprogramm ist faksimiliert in: Christa Jost 1999, S. 166). Wagner dirigierte das Werk später noch einmal anlässlich der Feier zur Grundsteinlegung des Bayreuther Festspielhauses am 22. Mai 1872 im Markgräflichen Opernhaus in Bayreuth; vgl. dazu: Heinrich Porges, *Die Aufführung von Beethoven' s Neunter Symphonie unter Richard Wagner in Bayreuth (22. Mai 1872)*, Leipzig 1872, wiedergegeben in: RWSW 20, I, S. XXXVIII-XLVIII. Wagner selbst verfasste im Anschluss an die Aufführung seinen Aufsatz *Zum Vortrag der neunten Symphonie Beethoven's*, in: *Musikalisches Wochenblatt* IV, 4. und 11. April 1873, S. 209-213 und 225-231; siehe auch GSD IX, S. 275-304; SSD IX, S. 231-257; RWSW 20, I, S. IL-LVI.

19: aufführte] ausführte A_2.

den Saitenwechsel der Streichinstrumentisten bei der aufsteigend sich wiederholenden Figur völlig unmerklich zu machen, noch weniger aber die unwillkürliche Accentuation beim Aufsteigen dieser Passage zu unterdrücken, weil dem gewöhnlichen Musiker es immer nahe liegt, beim Aufwärtssteigen stärker, wie im Gegensatz beim Abwärtsgehen schwächer zu werden. Mit dem vierten Takte der aufgezeichneten Stelle waren wir immer in ein CRESCENDO gerathen, wodurch dem nun mit dem fünften Takte eintretenden gehaltenen GES unwillkürlich, ja nothwendig, ein bereits heftiger Accent zugeführt wurde, welcher hier der so eigenthümlichen tonischen Bedeutung dieser Note höchst nachtheilig ward. Welchen Ausdruck diese Stelle in dieser gemeinhin musizirenden Weise, gegen den durch ausdrückliche Vorschrift deutlich genug angezeigten Willen des Meisters vorgetragen, erhält, ist dem Grobfühligen schwer zur abweisenden Erkenntniß zu bringen: gewiß ist Unbefriedigung, Unruhe, Verlangen auch dann in ihr ausgedrückt; aber *welcher Art* diese beschaffen seien, das erfahren wir eben erst, wenn wir diese Stelle so ausgeführt hören, wie der Meister es sich dachte, und wie ich bisher einzig von jenen Pariser Musikern im Jahre 1839 es verwirklicht hörte. Hiervon entsinne ich mich, daß der Eindruck der dynamischen Monotonie (man verzeihe mir diesen scheinbar unsinnigen Ausdruck für ein sehr schwer zu bezeichnendes Phänomen!) bei der ungemeinen, ja exzentrisch mannigfaltigen Intervall-Bewegung der aufsteigenden Figur, mit ihrer Ausmündung auf die unendlich zart gesungene längere Note GES, welcher dann das G ebenso zart gesungen antwortete, wie durch Zauber mich in die unvergleichlichen Mysterien des Geistes einweihte, welcher nun unmittelbar, offen und klar verständlich zu mir sprach.

Diese erhabene Offenbarung aber hier des Weiteren unberührt lassend, frage ich nur, meine sonstigen praktischen Erfahrungen durchlaufend: auf welchem Wege ward es jenen Pariser Musikern möglich, so unfehlbar zu der Lösung dieser schwierigen Aufgabe zu gelangen? Ersichtlich zunächst nur durch den gewissenhaftesten Fleiß, wie er bloß solchen Musikern zu eigen ist, welche sich nicht damit begnügen, sich gegenseitig Komplimente zu machen, sich nicht einbilden, daß sie Alles von selbst verstünden, sondern dem zunächst Unverstandenen gegenüber sich scheu und besorgt fühlen, und dem Schwierigen von *der* Seite beizukommen suchen, auf welcher sie zu Hause sind, nämlich von der Seite der

---

3-4: gewöhnlichen] ungebildeten A_1. Aufwärtssteigen] Aufwärtsgehen A_1 A_2 D_1.

5: Abwärtsgehen] Absteigen A_1 Abwärtssteigen A_2 D_1.

17-18: Eindruck der dynamischen Monotonie] Eines der vielen Beispiele für Wagners Vorliebe für das Paradoxon als Mittel zur Bezeichnung komplexer Sachverhalte. Vgl. „Kunst des tönenden Schweigens“.

21: G] GE A_1 A_2 D_1 D_2.

29: bloß] nur A_1 A_2 D_1.

33: suchen] versuchen A_2.

Technik. Der französische Musiker ist von der italienischen Schule, welcher er zunächst wesentlich angehört, insoweit vortrefflich beeinflußt, als die Musik für ihn nur durch den Gesang faßlich ist: ein Instrument gut spielen, heißt für ihn, auf demselben gut singen können. Und (wie ich dieses sogleich voranstellte) jenes herrliche Orchester sang eben diese Symphonie. Um sie richtig „singen" zu können, mußte aber auch überall das rechte Zeitmaaß gefunden worden sein: und das war das Zweite, was sich mir bei dieser Gelegenheit einprägte. Der alte Habeneck hatte hierfür gewiß keine abstrakt-ästhetische Inspiration, er war ohne alle „Genialität": aber er fand das richtige Tempo, indem er durch anhaltenden Fleiß sein Orchester darauf hinleitete, das Melos der Symphonie zu erfassen.

Nur die richtige Erfassung des Melos' giebt aber auch das richtige Zeitmaaß an: beide sind unzertrennlich; eines bedingt das andere. Und wenn ich hiermit mich nicht scheue, mein Urtheil über die allermeisten Aufführungen der klassischen Instrumentalwerke bei uns dahin auszusprechen, daß ich sie in einem bedenklichen Grade für ungenügend halte, so gedenke ich dieß durch den Hinweis darauf zu erhärten, daß unsere Dirigenten vom richtigen Tempo aus dem Grunde nichts wissen, weil sie nichts vom Gesange verstehen. Mir ist noch kein deutscher Kapellmeister oder sonstiger Musikdirigent vorgekommen, der, sei es mit guter oder schlechter Stimme, eine Melodie wirklich hätte singen können; wogegen die Musik für sie ein sonderlich abstraktes Ding, etwas zwischen Grammatik, Arithmetik und Gymnastik Schwebendes ist, von welchem sehr wohl zu begreifen ist, daß der darin Unterrichtete zu einem rechten Lehrer an einem Konservatorium oder einer musikalischen Turnanstalt taugt, dagegen nicht verstanden werden kann, wie dieser einer musikalischen Aufführung Leben und Seele zu verleihen vermöchte.

Hierüber erlaube ich mir denn mit dem Folgenden weitere Mittheilungen des von mir Erfahrenen zu machen.

Will man Alles zusammenfassen, worauf es für die richtige Aufführung eines Tonstückes von Seiten des Dirigenten ankommt, so ist dieß darin enthalten, daß er immer das richtige Tempo angebe; denn die Wahl und Bestimmung desselben läßt uns sofort erkennen, ob der Dirigent das Tonstück verstanden hat oder nicht. Das richtige Tempo giebt guten Musikern bei genauerem Bekanntwerden mit dem Tonstück es fast von selbst auch an die Hand, den richtigen Vortrag dafür zu finden, denn jenes schließt bereits die Erkenntniß dieses letz-

7: sein:] sein, A_1 sein; A_2 D_1.

31: III / Fortsetzung A_1 *Beginn der 2. Fortsetzung* A_2 D_1.

teren von Seiten des Dirigenten in sich ein. Wie wenig leicht es aber ist, das richtige Tempo zu bestimmen, erhellt eben hieraus, daß nur aus der Erkenntniß des richtigen Vortrages in jeder Beziehung auch das richtige Zeitmaaß gefunden werden kann.

Hierin fühlten die alten Musiker so richtig, daß sie, wie Haydn und Mozart, für die Tempobezeichnung meist sehr allgemeinhin verfuhren: „ANDANTE“ zwischen „ALLEGRO“ und „ADAGIO“, erschöpft mit der einfachsten Steigerung der Grade fast Alles ihnen hierfür nöthig dünkende. Bei S. Bach finden wir endlich das Tempo allermeistens geradesweges gar nicht bezeichnet, was im ächt musikalischen Sinne das Allerrichtigste ist. Dieser nämlich sagte sich etwa: wer mein Thema, meine Figuration nicht versteht, deren Charakter und Ausdruck nicht herausfühlt, was soll dem noch solch' eine italienische Tempobezeichnung sagen? – Um aus meiner allereigensten Erfahrung zu sprechen, führe ich an, daß ich meine auf den Theatern gegebenen früheren Opern mit recht beredter Tempo-Angabe ausstattete, und diese noch durch den Metronomen (wie ich vermeinte) unfehlbar genau fixirte. Woher ich nun von einem albernen Tempo in einer Aufführung, z. B. meines „Tannhäuser“, hörte, vertheidigte man sich gegen meine Rekriminationen jedesmal damit, auf das Gewissenhafteste meiner Metronom-Angabe gefolgt zu sein. Ich ersah hieraus, wie unsicher es mit der Mathematik in der Musik stehen müsse, und ließ fortan nicht nur den Metronomen aus, sondern begnügte mich auch für Angebung der Hauptzeitmaaße mit sehr allgemeinen Bezeichnungen, meine Sorgfalt einzig den Modifikationen dieser Zeitmaaße zuwendend, da von diesen unsere Dirigenten so gut wie gar nichts wissen. Diese Allgemeinheit der Bezeichnung hat nun, wie ich erfahren habe, die Dirigenten neuerdings wieder verdrossen und konfus gemacht, besonders da sie deutsch ausgeführt sind, und nun die Herren, an die alten italienischen Schablonen gewöhnt, darüber irre werden, was ich z. B. unter „Mäßig“ verstehe. Diese Beschwerde kam mir neuerdings aus der Sphäre eines Kapellmeisters zu, welchem ich kürzlich es zu verdanken hatte, daß die Musik meines

---

6-7: „ANDANTE“ *bis* „ADAGIO“] Presto, Allegro, Andante u. Adagio A_1.

15-16: durch den Metronomen (wie ich vermeinte) unfehlbar genau fixirte] Metronomangaben zu Wagners Opern finden sich in den gedruckten Partituren zu *Rienzi* und *Tannhäuser* sowie im gedruckten Klavierauszug zu *Der fliegende Holländer*. Im Falle von *Lohengrin* teilte Wagner dem Uraufführungsdirigenten Franz Liszt brieflich Metronomangaben mit, die jedoch weder in der Partitur noch im Klavierauszug veröffentlicht wurden (Wiedergabe in RWSW 7).

18: Rekriminationen] Gegenbeschuldigungen.

28-29: aus der Sphäre eines Kapellmeisters] Franz Wüllner (1832-1902), der Dirigent der Münchener Uraufführung von *Das Rheingold* am 22. September 1869. Die Aufführung erfolgte auf Anweisung Ludwigs II. von Bayern und gegen den Willen Wagners, der Wüllner am 11. September geschrieben hatte: „Hand weg von meiner Partitur! Das rath' ich Ihnen, Herr; sonst soll Sie der Teufel holen!“ (SBr 21, S. 254).

„Rheingold“, die zuvor unter einem von mir angeleiteten Dirigenten bei den Proben zwei und eine halbe Stunde ausfüllte, in den Aufführungen, laut Bericht der Augsburger „Allgemeinen Zeitung“, sich auf drei Stunden ausdehnte. Ähnlich meldete man mir einst zur Charakterisirung einer Aufführung meines „Tannhäuser“, daß die Ouvertüre, welche unter meiner Leitung in Dresden zwölf Minuten gedauert hatte, hier zwanzig Minuten währte. Hier ist allerdings von den eigentlichen Stümpern die Rede, welche namentlich vor dem ALLA-BREVE-Takte eine ungemeine Scheu haben, und dafür stets sich an vier korrekte Normal-Viertelschläge PER Takt halten, um an ihnen immer das Bewußtsein sich wach zu erhalten, daß sie wirklich dirigiren und für Etwas da sind. Wie diese Vierfüßler aus der Dorfkirche sich namentlich auch in unsere Operntheater verlaufen haben, mag Gott wissen.

Das „Schleppen“ ist dagegen nicht die Eigenschaft der eigentlichen eleganten Dirigenten der neueren Zeit, welche im Gegentheil eine fatale Vorliebe für das Herunter- oder Vorüberjagen haben. Hiermit hat es eine ganz besondere Bewandniß, welche das neueste, so allgemein beliebt gewordene, Musikwesen an sich fast erschöpfend zu charakterisiren geeignet wäre, weßhalb ich denn auch hier etwas näher gerade auf dieses Merkmal desselben eingehen will.

Robert Schumann klagte mir einmal in Dresden, daß in den Leipziger Konzerten Mendelssohn ihm allen Genuß an der neunten Symphonie, durch das zu schnelle Tempo namentlich des ersten Satzes derselben, verdorben

---

1: von mir angeleiteten Dirigenten] Hans Richter (1843-1916), Geiger, Hornist, Dirigent, 1868-1869 Musikdirektor am Hoftheater in München.

2-3: Bericht der Augsburger „Allgemeinen Zeitung“] In dem Bericht, der am 26. September 1869 erschien, war von „fast drei Stunden“ die Rede.

4: Aufführung] Prager Aufführung A_1.
Gemeint ist wahrscheinlich die Prager Erstaufführung des *Tannhäuser* am 25. November 1854.

12: wissen.] wissen: dort müßten sie sich, etwa bei einem richtigen
1 2 3 4
„Ewig – drideldideldi –
1 2 3 4
Selig – drideldideldi –
1 2 3 4
Ewig selig — drideldideldideldi“
viel besser ausnehmen. – A_2 D_1. Wagner ließ diese Stelle bei der Vorbereitung von D_2 tilgen (SBr 22, S. 69f.).

19: Robert Schumann] Schumann lebte seit Dezember 1844 in Dresden.

20: ihm allen] allen A_2 D_1.

21: verdorben] ihm verdorben A_2 D_1.

habe. Ich selbst habe Mendelssohn nur einmal in einer Berliner Konzertprobe eine Beethoven'sche Symphonie aufführen gehört: es war dieß die achte Symphonie (F-dur). Ich bemerkte, daß er – fast wie nach Laune – hie und da ein Detail herausgriff, und am deutlichen Vortrage desselben mit einer gewissen Obstination arbeitete, was diesem einen Detail so vortrefflich zu Statten kam, daß ich nur nicht recht begriff, warum er dieselbe Aufmerksamkeit nicht auch anderen Nüancen zuwendete: im Übrigen floß diese so unvergleichlich heitere Symphonie außerordentlich glatt und unterhaltend dahin. Persönlich äußerte er mir einige Male im Betreff des Dirigirens, daß das zu langsame Tempo am meisten schade, und er dagegen immer empfehle, etwas lieber zu schnell zu nehmen; ein wahrhaft guter Vortrag sei doch zu jeder Zeit etwas Seltenes; man könne aber darüber täuschen, wenn man nur mache, daß nicht viel davon bemerkt werde, und dieß geschehe am besten dadurch, daß man sich nicht lange dabei aufhalte, sondern rasch darüber hinwegginge. Die eigentlichen Schüler Mendelssohn's müssen von dem Meister hierüber noch Mehreres und Genaueres vernommen haben; denn eine zufällig eben nur gegen mich geäußerte Ansicht kann es nicht gewesen sein, da ich des Weiteren Gelegenheit hatte, die Folgen, wie endlich auch die Gründe jener Maxime kennen zu lernen.

Eine lebendige Erfahrung von den ersteren machte ich an dem Orchester der philharmonischen Gesellschaft in London; dieses hatte Mendelssohn längere Zeit hindurch dirigirt, und ausgesprochener Maaßen hielt man hier die Tradition der Mendelssohn'schen Vortragsweise fest, welche sich andererseits so gut den Gewöhnungen und Eigenheiten der Konzerte dieser Gesellschaft anbequemte, daß die Vermuthung, die Mendelssohn'sche Vortragsweise sei dem Meister durch diese eingegeben worden, ziemlich einleuchtend dünken muß. Da in diesen Konzerten ungemein viel Instrumentalmusik verbraucht, für jede Aufführung aber nur eine Repetitionsprobe verwendet wird, war ich selbst genöthigt, öfter das Orchester eben nur seiner Tradition folgen zu lassen, und lernte hierbei eine Vortragsweise kennen, die mich allerdings sehr lebhaft an Mendelssohn's gegen mich gethane Äußerungen hierüber gemahnte. Das floß denn wie das Wasser aus einem Stadtbrunnen; an ein Aufhalten war gar nicht zu denken, und jedes Allegro endete als unläugbares Presto. Die Mühe, hiergegen einzuschreiten, war peinlich genug; denn erst beim richtigen und wohlmodifizirten

---

1: Berliner Konzertprobe] Wann genau die Probe stattfand, der Wagner beiwohnte, lässt sich nicht feststellen. Sie galt jedoch der 4. Symphonie-Soiree der Königlichen Kapelle am 10. Januar 1844. Wagner hielt sich zu jener Zeit in Berlin auf, um dort seinen *Fliegenden Holländer* aufzuführen (1. Aufführung am 7. Januar 1844).

9: zu langsame] langsame A_1.

11: Seltenes;] Seltenes: A_2.

20: London] Wagner dirigierte zwischen dem 12. März und dem 25. Juni insgesamt acht Konzerte der Philharmonic Society. Die Konzertprogramme sind faksimiliert in: Christa Jost 1999, S. 165-172.

Tempo deckten sich nun die unter dem allgemeinen Wasserfluß verborgenen anderweitigen Schäden des Vortrages auf. Das Orchester spielte nämlich nie anders als „MEZZOFORTE"; es kam zu keinem wirklichen FORTE, wie zu keinem wirklichen PIANO. So weit dieß nun möglich war, ließ ich es mir in den bedeutenden Fällen endlich wohl angelegen sein, auf den mir richtig dünkenden Vortrag, somit auch auf das entsprechende Tempo zu halten. Die tüchtigen Musiker hatten nichts dagegen, und freuten sich selbst aufrichtig darüber; auch dem Publikum schien es offenbar recht zu sein: nur die Rezensenten waren wüthend darüber, und schüchterten die Vorsteher der Gesellschaft dermaaßen ein, daß ich von diesen wirklich einmal darum angegangen wurde, den zweiten Satz der Es-dur-Symphonie von Mozart [KV 543] doch ja wieder so ruschlich herunterspielen zu lassen, wie man es nun einmal gewohnt sei, und wie denn doch Mendelssohn selbst auch es habe tun lassen.

Ganz wörtlich präzisirte sich aber endlich die fatale Maxime in der an mich gerichteten Bitte eines sehr gemüthlichen älteren Kontrapunktisten, Herrn Potter (wenn ich mich nicht irre), dessen Symphonie ich aufzuführen hatte, und welcher mich herzlich anging, das Andante derselben doch ja nur recht schnell zu nehmen, weil er große Angst habe, es möchte langweilen. Ich bewies diesem nun, daß sein Andante, es möge so kurz dauern wie es wolle, jedenfalls langweilen müßte, wenn es ausdruckslos und matt heruntergespielt würde, wogegen es zu fesseln vermöge, wenn das recht hübsche naive Thema etwa so, wie ich es ihm nun vorsang, auch vom Orchester vorgetragen würde, denn so habe er es jedenfalls doch wohl auch gemeint. Herr Potter war auffällig gerührt, gab mir recht, und entschuldigte sich nur eben damit, daß er diese Art von Orchestervortrag gar nicht mehr in Rechnung zu ziehen gewohnt sei. Am Abend drückte er mir, gerade nach diesem Andante, freudigst die Hand. –

Wie gering der Sinn unserer modernen Musiker für das von mir hier gemeinte richtige Erfassen des Zeitmaaßes und Vortrages ist, hat mich wahrhaft in Erstaunen gesetzt, und leider machte ich die Erfahrungen davon gerade eben bei den eigentlichen Koryphäen unseres heutigen Musikwesens. So war es mir un-

---

12: wie denn] was sich A_1 was denn A_2.

13: es] so A_2. es habe tun] habe gefallen A_1.

15: gemüthlichen] liebenswürdigen A_1.

15-16: Potter] Philip Cipriani Hambly P. (1792-1871), Komponist, Klavierlehrer, von 1832 bis 1859 Direktor der Royal Academy of Music.

16: dessen Symphonie ich aufzuführen hatte] Symphonie in g-Moll. Die Aufführung fand am 28. Mai 1855 statt.

19: so kurz] nun so kurz A_2 D_1.

26: *danach Leerzeile* D_2.

möglich, Mendelssohn mein Gefühl von dem allgemein so widerwärtig verwahrlosten Zeitmaaße des dritten Satzes der F-dur-Symphonie Beethoven's (Nr. 8) beizubringen. Dieß ist denn auch einer von den Fällen, welche ich des Beispieles wegen aus vielen anderen herausgreife, um an ihm eine Seite unseres musikalischen Kunstsinnes zu beleuchten, über deren erschreckliche Bedenklichkeit wir uns aufzuklären wohl für gut befinden sollten.

Wir wissen, wie Haydn durch die Verwendung der Form des Menuetts zu einem erfrischenden Überleitungssatze vom Adagio zum Schluß-Allegro seiner Symphonien, namentlich in seinen letzten Hauptwerken dieser Gattung, dahin gelangte, das Zeitmaaß desselben, dem eigentlichen Charakter des Menuetts entgegen, merklich zu beschleunigen; offenbar nahm er sogar, besonders für das Trio, selbst den „Ländler" seiner Zeit in diesen Satz auf, so daß die Bezeichnung „MENUETTO", namentlich im Betreff des Zeitmaaßes, nicht mehr gut sich eignete, und nur ein seiner Herkunft wegen beibehaltener Titel wurde. Dem ungeachtet glaube ich, daß schon der Haydn'sche Menuett gewöhnlich zu schnell genommen wird, ganz gewiß aber der in Mozart's Symphonien, wie man sehr deutlich empfinden muß, wenn z. B. der Menuett der G-moll-Symphonie [KV 550], namentlich aber der der C-dur-Symphonie [KV 551] dieses Meisters

---

5: erschreckliche] erschreckende A_1 A_2.

6: *danach Leerzeile* D_2.

9: letzten] letzteren A_1 A_2.

in seinen letzten Hauptwerken] Gemeint sind vornehmlich die sogenannten Londoner Symphonien (Nr. 93-104).

10: desselben] derselben A_1 A_2.

10-11: das Zeitmaaß desselben, dem eigentlichen Charakter des Menuetts entgegen, merklich zu beschleunigen] Ob sich das generell so behaupten lässt, steht dahin. Allerdings tragen die entsprechenden Sätze der Symphonien 102 und 104 zusätzlich die Tempoangabe *Allegro*. Außerdem heißt es über das Menuett in der Symphonie bei Heinrich Christoph Koch, *Musikalisches Lexikon*, Frankfurt a. M. 1802, Sp. 950f.: „Man ist aber, weil Menuetten dieser Art nicht zum Tanze bestimmt sind, sowohl in Ansehung des Rhythmus, als auch in Ansehung des Zeitmaaßes von der ursprünglichen Einrichtung der Menuet abgewichen, und bindet sich dabey an keine bestimmte Taktzahl und an keinen gleichartigen Rhythmus, und trägt sie auch in einem viel geschwindern Zeitmaaße vor, als sie getanzt werden kann."

11-12: offenbar nahm er sogar, besonders für das Trio, selbst den „Ländler" seiner Zeit in diesen Satz auf] Dass Haydn Elemente und Züge volkstümlicher Musik wie des Ländlers (den Wagner bezeichnenderweise in Anführungszeichen setzt) in das Menuett und namentlich das Trio seiner Symphonien aufgenommen hat, duldet keinen Zweifel, doch suggeriert Wagner zugleich, dass dadurch auch das Tempo schneller geworden sei, was sich historisch nicht zweifelsfrei bestätigen lässt. Vgl. unten S. 22, 20, wo vom „alten", nämlich schnellen „Ländler-Tempo" die Rede ist.

14: eignete] eignet A_1 A_2 D_1 D_2. nur] mehr A_1. wegen] zu lieb A_1.

in einem gehalteneren Zeitmaaß gespielt wird, wo dann besonders dieser letztere, gewöhnlich fast im Presto heruntergejagte, einen ganz anderen, sowohl anmuthigen als festlich kräftigen Ausdruck erhält, wogegen sonst das Trio, mit dem sinnig gehaltenen

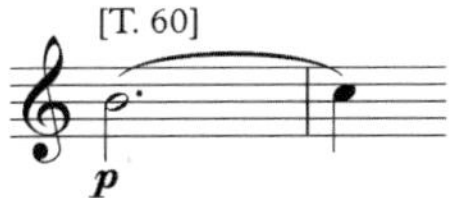

zu einer nichtssagenden Nuschelei wird.

Nun hatte aber Beethoven, wie dieß sonst auch bei ihm vorkommt, für seine F-dur-Symphonie einen wirklichen ächten Menuett im Sinne; diesen stellt er, als gewissermaßen ergänzenden Gegensatz zu einem vorangehenden ALLEGRETTO SCHERZANDO, zwischen zwei größeren Allegro-Hauptsätzen auf, und damit gar kein Zweifel über seine Absicht im Betreff des Zeitmaaßes aufkommen könne, bezeichnet er ihn nicht mit: MENUETTO, sondern mit: TEMPO DI MENUETTO. Diese neue und ungewohnte Charakteristik der beiden Mittelsätze einer Symphonie wurde nun fast gänzlich übersehen: das Allegretto scherzando mußte das gewöhnliche Andante, das Tempo di Menuetto das ebenso gewohnte „Scherzo" vorstellen, und da es nun mit beiden in dieser Auffassung nicht recht fördern wollte, kam die ganze wunderbare Symphonie, mit deren Mittelsätzen man zu keinem der gewohnten Effekte gelangte, bei unseren Musikern in das Ansehen einer gewissen Art von beiläufigen Nebenwerken der Beethoven'schen Muse, welche es sich nach der Anstrengung mit der A-dur-Symphonie [Nr. 7] einmal etwas leicht habe machen wollen. So wird denn, nach dem stets etwas verschleppten Allegretto scherzando, das Tempo di Menuetto mit nie wankender Entschiedenheit überall als erfrischender Ländler zum Besten gegeben, von dem man nie weiß, was man gehört hat, wenn es vorüber ist. Gewöhnlich aber ist man froh, wenn die Marter des T r i o vorübergegangen. Dieses reizvollste aller Idylle wird nämlich bei dem gemeinen schnellen Tempo durch die Triolen-Passagen des Violoncells zu einer wahren Monstruosität: diese Begleitung gilt so als eines der Allerschwierigsten für Violoncellisten, welche sich mit dem hastigen STACCATO herüber und hinüber abmühen, ohne etwas Anderes als ein höchst peinliches Gekratze zum Besten geben zu können. Auch diese Schwierigkeit löst

---

1: dieser] dieses D_1 D_2 D_3.

5: *folgt kein Absatz* A_2 D_1.

6: wie dieß sonst auch bei ihm vorkommt] Gemeint sind das Septett op. 20, die Serenade op. 25 sowie die Sonaten op. 30 Nr. 3, 49 Nr. 2 und 54.

7: Sinne;] Sinne: A_1 A_2.

23: es] er D_1 D_2 D_3.

sich natürlich ganz von selbst, sobald das richtige, dem zarten Gesange der Hörner und der Klarinette entsprechende Tempo genommen wird, welche so wiederum auch ihrerseits über alle die Schwierigkeiten hinweg kommen, denen namentlich die Klarinette in so peinlicher Weise ausgesetzt ist, daß selbst der beste Künstler auf diesem Instrumente stets vor einem sogenannten „Kicks“ besorgt sein muß. Ich entsinne mich eines wahren Aufathmens bei allen Musikern, als ich sie dieses Stück in dem richtigen mäßigen Tempo spielen ließ, wobei nun auch das humoristische SFORZANDO der Bässe und Fagotte

[T. 64]

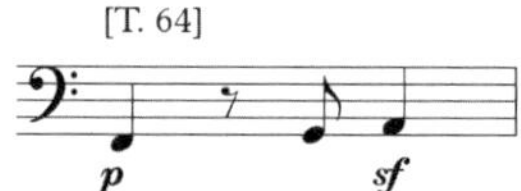

sofort seine verständliche Wirkung machte, die kurzen CRESCENDI deutlich wurden, der zarte Ausgang im *pp* zur Wirkung kam, und namentlich auch der Hauptheil des Satzes zum rechten Ausdrucke seiner gemächlichen Gravität gelangte.

Nun wohnte ich einmal mit Mendelssohn einer vom verstorbenen Kapellmeister Reissiger in Dresden dirigirten Aufführung dieser Symphonie bei, und unterhielt mich mit ihm über das soeben von mir besprochene Dilemma, über dessen richtige Lösung, wie ich ihm mittheilte, ich zuvor mit meinem damaligen Kollegen mich verständigt zu haben – – glaubte, denn dieser hatte mir versprochen, das bewußte Tempo langsamer als sonst üblich zu nehmen. Mendelssohn gab mir vollständig Recht. Wir hörten zu. Der dritte Satz begann, und ich erschrak darüber, genau das alte Ländler-Tempo wieder vernehmen zu müssen; ehe ich aber meinen Unwillen hierüber äußern konnte, lächelte Mendelssohn, wohlgefällig den Kopf wiegend, mir zu: „So ist's ja gut! Bravo!“ So fiel ich denn vom Schreck in das Erstaunen. War nämlich Reissiger, wie es mir bald einleuchten mußte, wegen seines Rückfalles in das alte Tempo, aus Gründen, die mich nun zu weiteren Erörterungen führen werden, nicht streng

---

12: *folgender Absatz nicht deutlich als solcher angegeben* A_2. *Gedankenstrich statt Absatz* D_1.

14: Reissiger] Carl Gottlieb Reißiger (1798-1859), Komponist, Dirigent, Hofkapellmeister in Dresden, leitete die Uraufführung von Wagners *Rienzi* 1842.

Aufführung dieser Symphonie] Die Aufführung fand beim Palmsonntagskonzert am 9. April 1843 statt. Mendelssohn dirigierte im ersten Teil sein Oratorium *Paulus*, danach Reißiger Beethovens VIII. Symphonie. Wagner schrieb über das Konzert eine Rezension, die allerdings erst postum veröffentlicht wurde (SSD XII, S. 149f.).

20: das alte Ländler-Tempo] Vgl. oben S. 20, 11f. In seiner Autobiographie bezeichnet Wagner im gleichen Zusammenhang das Tempo als „Walzer-Zeitmaß“ (ML, S. 285).

23-24: wie es mir] wie mir A_2 D_1.

23- S. 23, 5: War […] blicken] Offenbar entging dem so bedeutenden Musiker gänzlich was ich als Gefühl von der Sache hatte! – A_1.

zu verklagen, so erweckte dagegen Mendelssohn's Unempfindlichkeit im Betreff dieses sonderbaren künstlerischen Vorganges in mir sehr natürlich den Zweifel, ob hier überhaupt etwas Unterscheidbares sich ihm darstellte. Ich glaubte in einen wahren Abgrund von Oberflächlichkeit, in eine vollständige Leere zu blicken.

Ganz dasselbe, wie mit Reissiger, begegnete mir im Betreff des gleichen dritten Satzes der achten Symphonie bald hierauf mit einem anderen namhaften Dirigenten, einem der Nachfolger Mendelssohn's in der Direktion der Leipziger Konzerte. Auch dieser hatte meinen Ansichten über dieses TEMPO DI MENUETTO beigepflichtet, und für ein von ihm geleitetes Konzert, zu welchem er mich einlud, mir das richtige langsamere Zeitmaaß dieses Satzes zu nehmen zugesagt. Wunderlich lautete seine Entschuldigung dafür, daß auch er sein Versprechen nicht gehalten: lachend gestand er mir nämlich, daß er, durch die Besorgung von allerlei Direktions-Angelegenheiten zerstreut, erst nach dem Beginne des Stückes sich der mir gemachten Zusage wieder erinnert habe; nun habe er aber natürlich das einmal wieder angegebene altgewohnte Zeitmaaß nicht plötzlich ändern können, und so sei es denn für dießmal nothgedrungen nochmals beim Alten verblieben. So peinlich mich diese Erklärung berührte, war ich dießmal doch zufrieden damit, wenigstens Jemand gefunden zu haben, welcher den von mir verstandenen Unterschied bestätigt ließ, und nicht vermeinte, mit diesem oder jenem Tempo komme es auf das Gleiche heraus. Ich glaube aber nicht einmal, daß ich in diesem letzteren Falle den betroffenen Dirigenten der eigentlichen Leichtfertigkeit und Gedankenlosigkeit, wie er sich selbst der „Vergeßlichkeit" beschuldigte, zeihen konnte, sondern daß der Grund, weßhalb er das Tempo nicht langsamer nahm, ihm selbst unbewußt, ein sehr richtiger war. So auf das Gerathewohl von der Probe zur Aufführung ein derartiges Zeitmaaß empfindlich zu verändern, hätte gewiß vom bedenklichsten Leichtsinn gezeugt, vor des-

---

6: *Beginn der 3. Fortsetzung* A_1 A_2 D_1.

8: Nachfolger Mendelssohn's] Gemeint ist Ferdinand Hiller (1811-1885), Pianist, Dirigent und Komponist. Er vertrat Mendelssohn von Herbst 1842 bis Frühjahr 1844 beim Leipziger Gewandhaus und lebte ab Oktober 1844 in Dresden, wo er einen Künstlertreff einrichtete, das „Hillersche Kränzchen", in dem neben vielen anderen Robert Schumann und Wagner verkehrten.

10-11: Konzert, zu welchem er mich einlud] Gemeint sind wahrscheinlich die Abonnementskonzerte, die Hiller 1845 in Dresden einzurichten versuchte. Das Datum der Aufführung von Beethovens VIII. Symphonie ließ sich nicht ermitteln. Vgl. ML, S. 352.

11: langsamere] langsame D_1 D_2 D_3.

16: altgewohnte] altgewöhnte D_1 D_2 D_3.

sen sehr üblen Folgen den Dirigenten dießmal seine glückliche „Vergeßlichkeit“ bewahrte. Bei seinem, unter der Anleitung des schnelleren Vortrages nun einmal gewöhnten Vortrage dieses Stückes, wäre das Orchester aus aller Fassung gerathen, wenn ihm plötzlich das gemäßigtere Zeitmaaß auferlegt worden wäre, für welches natürlicher Weise *auch ein ganz anderer Vortrag* gefunden werden mußte.

Hier liegt eben der entscheidend wichtige Punkt, auf dessen sehr deutliches Erfassen es abgesehen sein müßte, wenn es über den oft so sehr vernachlässigten und durch üble Gewöhnung verdorbenen Vortrag unserer klassischen Musikwerke zu einer ersprießlichen Verständigung kommen sollte. Die üble Gewöhnung hat nämlich ein scheinbares Recht, auf ihren Annahmen über das Tempo zu bestehen, weil sich eine gewisse Übereinstimmung des Vortrages mit diesem gebildet hat, welche einerseits den Befangenen das wahre Übel verdeckt, andererseits aber zunächst eine offenbare Verschlimmerung dadurch gewahren läßt, daß der im Übrigen gewöhnte Vortrag bei nur einseitiger Veränderung des Zeitmaaßes sich meistens ganz unerträglich ausnimmt.

Um dieß an einem allereinfachsten Beispiele klar zu machen, wähle ich den Anfang der C-moll-Symphonie:

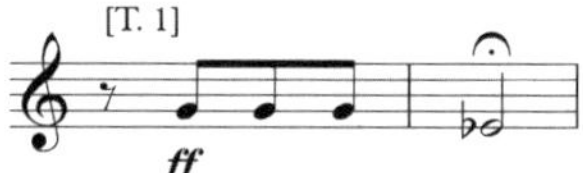

Über die Fermate des zweiten Taktes gehen unsere Dirigenten nach einem kleinen Verweilen hinweg und benutzen dieses Verweilen fast nur, um die Aufmerksamkeit der Musiker auf ein präzises Erfassen der Figur des dritten Taktes zu konzentriren. Die Note ES wird gewöhnlich nicht länger ausgehalten, als bei einem achtlosen Bogenstriche der Saiteninstrumente ein Forte andauert. Nun setzen wir den Fall, die Stimme Beethoven's habe aus dem Grabe einem Dirigenten zugerufen: „Halte du meine Fermate lange und furchtbar! Ich schrieb keine Fermaten zum Spaß oder aus Verlegenheit, etwa um mich auf das Weitere zu besinnen; sondern, was in meinem Adagio der ganz und voll aufzusaugende Ton für den Ausdruck der schwelgenden Empfindung ist, dasselbe werfe ich, wenn ich es brauche, in das heftig und schnell figurirte Allegro als wonnig oder schrecklich anhaltenden Krampf. Dann soll das Leben des Tones bis auf seinen letzten Blutstropfen aufgesogen werden; dann halte ich die Wellen meines Meeres an, und lasse in seinen Abgrund blicken; oder ich hemme den Zug der Wol-

---

9: Gewöhnung] Gewöhnungen D_2 D_3.

25: du] mir A_1 A_2.

31: werden; dann] werden: dann A_2 D_1.

32: oder ich hemme] oder hemme D_2 D_3.

ken, zertheile die wirren Nebelstreifen, und lasse einmal in den reinen blauen Äther, in das strahlende Auge der Sonne sehen. Hierfür setze ich Fermaten, d. h. plötzlich eintretende, lang auszuhaltende Noten in meine Allegro's. Und nun beachte du, welche ganz bestimmte thematische Absicht ich mit diesem ausgehaltenen ES nach drei stürmisch kurzen Noten hatte, und was ich mit allen den im Folgenden gleich auszuhaltenden Noten gesagt haben will.“ – Wenn nun dieser Dirigent, in Folge dieser Mahnung, von einem Orchester auf einmal verlangte, daß jener Takt mit der Fermate so bedeutend, – *folglich* auch so lang ausgehalten würde, als es ihm im Sinne Beethoven's nöthig dünkt, welchen Erfolg würde er zunächst haben? Einen gar kläglichen. Nachdem die erste Kraft des Bogens der Saiteninstrumente verpraßt ist, würde, bei der Nöthigung zum längeren Aushalten, der Ton immer dünner werden und in ein verlegenes Piano ausgehen, denn – und hier berühre ich sogleich einen der üblen Erfolge unserer heutigen Dirigentengewöhnungen –: nichts ist unseren Orchestern fremder geworden, als das *gleichmäßig starke Aushalten eines Tones*. Ich fordere alle Dirigenten auf, von einem Instrumente des Orchesters, welches es sei, ein gleichmäßig voll ausgehaltenes Forte zu verlangen, um ihnen zur Erfahrung zu bringen, welches Staunen der Ungewohntheit diese Forderung erweckt, und nach welchen hartnäckigen Übungen erst der richtige Erfolg herbeizuführen sein wird.

Doch ist dieser gleichmäßig stark ausgehaltene Ton die Basis aller Dynamik, wie im Gesang, so im Orchester: erst von ihm aus ist zu allen den Modifikationen zu gelangen, deren Mannigfaltigkeit zunächst den Charakter des Vortrages überhaupt bestimmt. Ohne diese Grundlage giebt ein Orchester viel Geräusch, aber keine Kraft; und hierin liegt ein erstes Merkmal der Schwäche unserer meisten Orchesterleistungen. Da hiervon unsere heutigen Dirigenten so gut wie gar nichts mehr wissen, geben sie dagegen sehr viel auf die Wirkungen eines *überleisen Piano*. Dieses ist nun recht mühelos von den Saiteninstrumenten zu erlangen, sehr schwer dagegen von Blasinstrumenten, namentlich von den Holzrohrbläsern. Von diesen, vorzüglich von den Flötisten, welche ihre früher so sanften Instrumente zu wahren Gewaltsröhren umgewandelt haben, ist ein zart gehaltenes Piano fast kaum mehr zu erzielen, – außer etwa von französischen Hoboebläsern, weil diese nie über den Pastoralcharakter ihres Instru-

---

2: sehen] blicken A_1 A_2.

29: Blasinstrumenten] den Blasinstrumenten A_1 A_2 D_1.

31: Gewaltsröhren] Wagner kritisierte damit zum einen die Verwendung von Metall anstelle von Holz für den Bau der Flöten, zum anderen aber auch die vor allem durch Theobald Böhm veränderte Beschaffenheit der Instrumente (u. a. zylindrische Bohrung). Vgl. auch das Tagebuch Cosima Wagners, in dem es unter dem 29. September 1882 heißt: „Die jetzigen Flöten im Orchester verglich er mit dem Dampfschiff-Pfiff.“ (CT II, S. 1010).

33: Pastoralcharakter] Anscheinend wertete Wagner dies hinsichtlich des Ausdrucks als

mentes hinauskommen, oder von Klarinettisten, sobald man von diesen den Echo-Effekt verlangt. Dieser Übelstand, welchem wir in den Vorträgen unserer besten Orchester begegnen, giebt uns die Frage ein, warum, wenn die Bläser denn durchaus nicht zu einem gleichen Piano-Vortrag zu vermögen sind, dann nicht wenigstens das oft geradezu lächerlich hiergegen kontrastirende überleise Spiel der Saiteninstrumente, um ein ausgleichendes Verhältniß herzustellen, zu etwas größerer Fülle angehalten wird? Offenbar entgeht aber dieses Misverhältniß unseren Dirigenten gänzlich. Das Fehlerhafte hiervon liegt zum großen Theile in dem Charakter des Piano's der Streichinstrumente anderweits selbst begründet: denn wie wir kein rechtes Forte haben, fehlt uns auch das rechte Piano; beiden mangelt die Fülle des Tones, und hierfür hätten eben unsere Streichinstrumentisten wiederum etwas von unsern Bläsern zu erlernen, da jenen es allerdings sehr leicht fällt, den Bogen recht locker über die Saiten zu führen, um sie eben nur zu einem flüsternden Schwirren zu bringen, wogegen es großer künstlerischer Bewältigung des Athems bedarf, um auf einem Blasinstrumente bei mäßigster Ausströmung desselben immer noch den Ton kenntlich und rein zu produziren. Von ausgezeichneten Bläsern müßten daher die Geiger das wirklich tonerfüllte Piano lernen, sobald jene ihrerseits es sich angelegen sein ließen, dasselbe sich von vorzüglichen Sängern anzueignen.

Der hier gemeinte leise, und jener zuvor bezeichnete stark ausgehaltene Ton, sind nun die beiden Pole aller Dynamik des Orchesters, zwischen denen sich der Vortrag zu bewegen hat. Wie steht es nun um diesen Vortrag, wenn weder der eine noch der andere richtig gepflegt wird? Welcher Art können die Modifikationen dieses Vortrages sein, wenn die beiden äußersten Kennzeichen der dynamischen Bethätigung undeutlich sind? Zweifelsohne so sehr mangelhaft, daß die von mir besprochene Mendelssohn'sche Maxime des flotten Darüberhinweggehens zu einem recht glücklichen Auskunftsmittel wird, weßhalb dieses auch von unseren Dirigenten zu einem wirklichen Dogma erhoben worden ist. Und dieses Dogma ist es eben, welches heute die ganze Kirche unserer Dirigenten mit ihrem Anhange einnimmt, so daß die Versuche, unsere klassische Musik richtig vorzutragen, von ihnen geradezu als ketzerisch verschrieen werden. –

Ich komme, um mich zunächst an diese Dirigenten zu halten, für jetzt immer wieder auf das Tempo zurück, weil, wie ich zuvor sagte, hier der Punkt sich

---

Nachteil; denn Cosima Wagner hielt in ihrem Tagebuch unter dem 20. Februar 1878 fest: „Von der Oboe sprechend sagt R., es ist das naive tragische Instrument." (CT II, S. 48).

2: Echo-Effekt] Was hier konkret gemeint ist, konnte nicht ermittelt werden. Es handelt sich jedenfalls nicht um eine technische Besonderheit des Instruments. Möglicherweise liegt hier der Reflex eines Eindrucks von Hector Berlioz' *Symphonie fantastique* vor, in der im 3. Satz *Scène aux Champs* in Takt 123f. für die Klarinette *pppp* und *(écho)* vorgeschrieben ist.

31: *danach Leerzeile* D_2.

findet, wo der Dirigent sich als den rechten oder den unrechten zu erkennen zu geben hat.

Offenbar kann das richtige Zeitmaaß nur nach dem Charakter des besonderen Vortrages eines Musikstückes bestimmt werden; um jenes zu bestimmen, müssen wir über diesen einig sein: die Erfordernisse des Vortrages, ob er vorwiegend dem gehaltenen Tone (dem Gesange), oder der rhythmischen Bewegung (der Figuration) sich zuneigt, diese haben den Dirigenten dafür zu bestimmen, welche Eigenthümlichkeit des Tempo's er vorwiegend zur Geltung zu bringen hat.

Hier steht nun das Adagio dem Allegro gegenüber, wie der gehaltene Ton der figurirten Bewegung. Dem TEMPO ADAGIO giebt der gehaltene Ton das Gesetz: hier zerfließt der Rhythmus in das sich selbst angehörende, sich allein genügende reine Tonleben. In einem gewissen zarten Sinne kann man vom reinen Adagio sagen, daß es nicht langsam genug genommen werden kann: hier muß ein schwelgerisches Vertrauen in die überzeugende Sicherheit der reinen Tonsprache herrschen; hier wird der LANGUOR der Empfindung zum Entzücken; was im Allegro der Wechsel der Figuration ausdrückt, sagt sich hier durch die unendliche Mannigfaltigkeit des flektirten Tones; der mindeste Harmoniewechsel wirkt hierbei überraschend, wie die fernsten Fortschreitungen durch die stets gespannte Empfindung als erwartet vorbereitet werden.

Keiner unserer Dirigenten getraut sich dem Adagio diese seine Eigenschaft im richtigen Maaße zuzuerkennen; sie spähen vom Anfange herein nach irgend welcher darin vorkommender Figuration aus, um sogleich nach der muthmaßlichen Bewegung derselben ihr Tempo einzurichten. Vielleicht bin ich der einzige Dirigent, welcher es sich getraute, das eigentliche Adagio des dritten Satzes der neunten Symphonie seinem reinen Charakter gemäß auch für das Zeitmaaß aufzufassen. Diesem stellt sich hier zunächst das mit dem Adagio abwechselnde Andante 3/4 gegenüber, wie um jenem recht auffällig seine ganz besondere Eigenschaft zu sichern, was aber unsere Dirigenten nie abhält, beide Charaktere in der Art zu verwischen, daß nur der rhythmische Wechsel des Vierviertel- und Dreiviertel-Taktes übrig bleibt. Dieser Satz – gewiß einer der lehrreichsten im

---

7: (der Figuration)] *fehlt* A_1 A_2 D_1.

16: Languor] Mattigkeit, Schlaffheit, Untätigkeit, Trägheit.

17: ausdrückt] ausdrückte D_1 D_2 D_3.

18: flektirt] Von flektieren = ein Wort beugen, es deklinieren oder konjugieren.

22: zuzuerkennen;] zuzuerkennen: A_1 A_2. nach] sogleich nach A_1 A_2 D_1.

23: vorkommender] vorkommenden D_3.

28: Andante 3/4] Takt 25.

29: abhält] abhielt A_1 A_2 D_1.

31: bleibt] blieb A_1 A_2 D_1.

vorliegenden Betreff – bringt schließlich mit dem reich figurirten Zwölfachteltakt auch das deutlichste Beispiel der Brechung des reinen Adagio-Charakters durch die schärfere Rhythmisirung der nun zu eigener Selbständigkeit erhobenen begleitenden Bewegung, bei stets in ihrer charakteristischen Breite forterhaltener Kantilene. Hier erkennen wir das gleichsam fixirte Bild des zuvor nach unendlicher Ausdehnung verlangenden Adagio's, und wie dort eine uneingeschränkte Freiheit für die Befriedigung des tonischen Ausdruckes das zwischen zartesten Gesetzen schwankende Maaß der Bewegung angab, wird hier durch die feste Rhythmik der figurativ geschmückten Begleitung das neue Gesetz der Festhaltung einer bestimmten Bewegung gegeben, welches in seinen ausgebildeten Konsequenzen uns zum Gesetz für das Zeitmaaß des Allegro wird.

Wie der gehaltene und in seiner Andauer modifizirte Ton die Grundlage alles musikalischen Vortrages ist, wird das Adagio, namentlich durch so konsequente Ausbildung, wie sie ihm Beethoven eben in diesem dritten Satze seiner neunten Symphonie gegeben hat, auch die Grundlage aller musikalischen Zeitmaaßbestimmung. Das Allegro kann, in einem zart verständigen Sinne, als das äußerste Ergebniß der Brechung des reinen Adagio-Charakters durch die bewegtere Figuration angesehen werden. Selbst im Allegro dominirt, bei genauer Beachtung seiner bestimmendsten Motive, immer der dem Adagio entlehnte Gesang. Die bedeutendsten Allegro-Sätze Beethoven's werden meistens durch eine Grundmelodie beherrscht, welche in einem tieferen Sinne dem Charakter des Adagio's angehört, und hierdurch erhalten sie die sentimentale Bedeutung, welche diese Allegro's so ausdrücklich gegen die frühere, naive Gattung derselben abstechen läßt. Doch verhält sich zu dem Beethoven'schen [Symphonie Nr. 3 Es-Dur op. 55, Sinfonia eroica, 1. Satz]

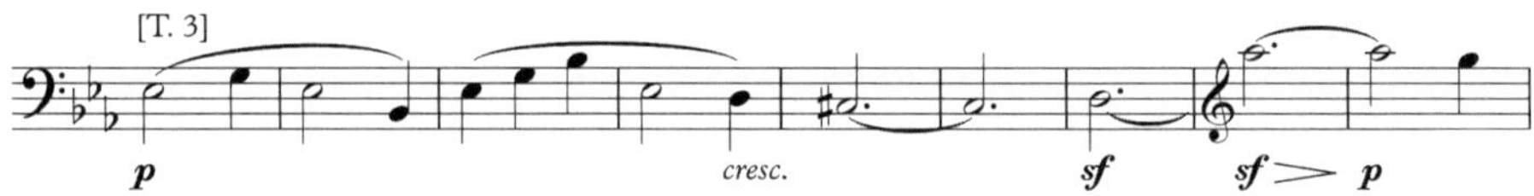

das Mozart'sche [Symphonie C-Dur KV 551, „Jupitersinfonie“, 1. Satz]

1-2: Zwölfachteltakt] Takt 99.

11: wird] führt A_1.

21: tieferen] zarten A_1 *ursprünglich* zarten A_2.

22: sentimentale Bedeutung] Vgl. unten S. 29, 23.

23: naive] naivere A_1 A_2 D_1.

naive Gattung] Vgl. unten S. 29, 24.

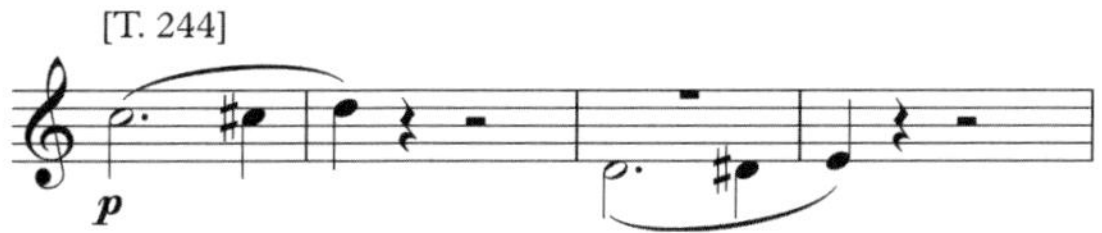

oder [Symphonie C-Dur KV 551, „Jupitersinfonie“, 4. Satz]

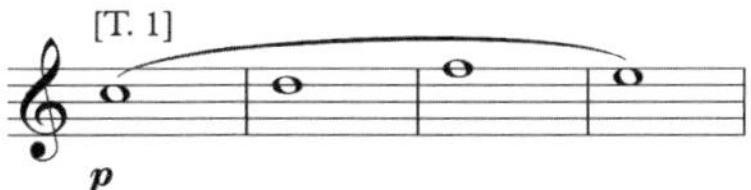

bereits nicht fern, und der eigentliche exklusive Charakter des Allegro's tritt bei Mozart, wie bei Beethoven, erst dann ein, wenn die Figuration über den Gesang gänzlich die Oberhand erhält, also wenn die Reaktion der rhythmischen Bewegung gegen den gehaltenen Ton vollständig durchgesetzt wird. Dieß ist zumeist in den aus dem Rondeau gebildeten Schlußsätzen der Fall, wovon sehr sprechende Beispiele die Finale's der Mozart'schen Es-dur- und der Beethoven'schen A-dur-Symphonie sind. Hier feiert die rein rhythmische Bewegung gewissermaßen ihre Orgien, und daher können auch diese Allegro-Sätze nicht bestimmt und schnell genug genommen werden. Was aber zwischen diesen äußersten Punkten liegt, ist dem *Gesetz der gegenseitigen Beziehungen zu einander* unterworfen, und diese Gesetze können nicht zartsinnig und mannigfaltig genug erfaßt werden, denn sie sind in einem tiefen Grunde dieselben, welche den gehaltenen Ton selbst in allen erdenklichen Nüancen modifizirten; und wenn ich jetzt dieser, unseren Dirigenten nicht nur ganz unbekannten, sondern dieser Unbekannteit wegen von ihnen mit tölpisch abweisender Verketzerung behandelten *Modifikation des Tempo's* eingehender mich zuwende, so wird Derjenige, welcher mir bis hierher aufmerksam gefolgt ist, verstehen, daß es sich dabei um ein wahres Lebensprinzip unserer Musik überhaupt handelt. –

In Folge der vorangehenden Erörterung unterschied ich zweierlei Gattungen von Allegro's, von welchen ich dem neueren, ächt Beethoven'schen, einen *sentimentalen* Charakter zusprach, gegenüber dem älteren, vorzugsweise Mozart'schen, welchem ich den *naiven* Charakter beilegte. Bei dieser Be-

---

15: dieser] diesen A_1 A_2 D_1.

17: Modifikation] Modificationen A_1 A_2 D_1.

21: *Beginn der 4. Fortsetzung* A_1 A_2 D_1.

zeichnung schwebte mir die schöne Charakteristik vor, welche Schiller in seinem berühmten Aufsatze von der sentimentalischen und naiven Dichtkunst giebt.

Da ich meinem nächsten Zwecke zulieb mich jetzt nicht weiter über das hier berührte ästhetische Problem verbreiten will, möchte ich nur feststellen, daß ich das von mir gemeinte naive Allegro am allerbestimmtesten eben in den meisten Mozart'schen schnellen ALLA-BREVE-Sätzen ausgebildet erkenne. Die vollendetsten dieser Art sind die Allegro's seiner Opern-Ouvertüren, vor Allem der zu „Figaro" und „Don Juan" [Don Giovanni]. Von diesen ist bekannt, daß sie Mozart nicht schnell genug gespielt werden konnten; als er die Musiker durch sein endlich erzwungenes PRESTO der Figaro-Ouvertüre zu derjenigen verzweiflungsvollen Wuth gebracht hatte, welche ihnen zu ihrer eigenen Überraschung das Gelingen ermöglichte, rief ihnen der Meister ermuthigend zu: „So war's schön! Nun am Abend aber noch ein wenig schneller!" – Ganz richtig! Wie ich von dem reinen Adagio sagte, daß es im idealen Sinne gar nicht langsam genug genommen werden könnte, vermag dieses eigentliche, gänzlich unvermischte, reine Allegro auch nicht schnell genug gegeben zu werden. Wie dort die Schranken der schwelgerischen Tonentwickelung, so sind hier die Gränzen der figurativen Bewegungsrichtung durchaus ideal, und das Maaß des Erreichbaren bestimmt sich einzig nach dem Gesetze der Schönheit, welches für die äußersten Gegensätze der gänzlich gehemmten und der gänzlich entfesselten figurativen Bewegung den Gränzpunkt feststellt, an welchem die Sehnsucht nach der Aufnahme des Entgegengesetzten zur Nothwendigkeit wird. – Es zeugt daher von einem tiefen Sinne, daß die Anreihung der Sätze einer Symphonie unserer Meister von einem Allegro zum Adagio, und von diesem, durch eine vermittelnde strengere Tanzform (den Menuett oder das Scherzo) zum allerschnellsten Final-

---

1: Schiller] Friedrich Schiller, *Über naive und sentimentalische Dichtung.*

8-9: daß sie Mozart nicht schnell genug gespielt werden konnten] Wagners Quelle für diese Aussage konnte nicht ermittelt werden. Vermutlich handelt es sich aber um eine Zweckbehauptung. Mozart selbst verwahrte sich mehrfach gegen zu schnelle Tempi. So teilte Friedrich Rochlitz mit: „Ueber nichts klagte Mozart heftiger als über ‚Verhunzung' seiner Kompositionen bey öffentlicher Aufführung – hauptsächlich durch Uebertreibung der Schnelligkeit der Tempo's." (AmZ 1798 Nr. 6, 7. November, Spalte 84).

10-11: zu derjenigen verzweiflungsvollen Wuth gebracht] Hier handelt es sich wahrscheinlich um die freie Paraphrase von Friedrich Rochlitz' Schilderung einer Begebenheit bei Mozarts Besuch in Leipzig 1789; danach hatte Mozart bei einer Symphonieprobe mit einem Orchester aus vornehmlich „bejahrten Leuten" das Tempo stetig forciert und anschließend dazu gesagt: „Es wäre des Schleppens kein Ende geworden, wenn ich sie nicht erst ins Feuer getrieben und böse gemacht hätte. Vor lauter Aerger thaten sie nun ihr Möglichstes." (AmZ 1798 Nr. 6, 7. November, Spalte 86).

12-13: „So war's schön! Nun am Abend aber noch ein wenig schneller!"] Die Quelle für diesen Ausspruch konnte nicht ermittelt werden.

18: Bewegungsrichtung] Bewegung A_1.

Allegro führt. Hiergegen zeugt es ebenso von einem wahren Verkommen an aller richtigen Empfindung hiervon, wenn jetzige Komponisten der Langweiligkeit ihrer Einfälle durch Wiederausstopfung der älteren Suitenform, mit ihrer gedankenlosen Anreihung längst mannigfaltiger entwickelter und zu reich gemischten Formen ausgebildeter Tanztypen aufzuhelfen vermeinen.

Was nun jenes Mozart'sche *absolute* Allegro noch besonders als der naiven Gattung angehörig erkennen läßt, ist, nach der Seite der Dynamik hin, der einfache Wechsel von FORTE und PIANO, sowie, im Betreff seiner formellen Struktur, die wahllose Nebeneinanderstellung gewisser, dem Piano- oder Forte-Vortrage angeeigneter, völlig stabil gewordener rhythmisch-melodischer Formen, in deren Verwendung (wie bei den stets gleichartig wiederkehrenden rauschenden Halbschlüssen) der Meister eine fast mehr als überraschende Unbefangenheit zeigt. Hier erklärt sich jedoch Alles, auch die größte Achtlosigkeit in der Anwendung gänzlich banaler Satzformen, aus dem einen Charakter eben dieses Allegro's, welcher gar nicht durch Kantilene uns fesseln, sondern vielmehr nur durch rastlose Bewegung uns in eine gewisse Berauschung versetzen soll. Es ist ein tiefer Zug, daß das Allegro der Don Juan-Ouvertüre diese Bewegung endlich durch eine unverkennbare Wendung nach dem Sentimentalen hin, in der Weise abschließt, daß bei der Berührung des vorhin von mir charakterisirten Gränzpunktes die Umstimmung des Extremes zugleich mit einer Nöthigung zur Modifikation des Zeitmaaßes angezeigt ist, welches letztere hiermit unmerklich, und doch wieder für den Vortrag dieser Übergangstakte so bestimmend, zu der etwas gemäßigteren Bewegung sich herabsenkt, in welcher das folgende erste Tempo der Oper, zwar auch ein ALLABREVE, aber jedenfalls minder schnell als das Haupttempo der Ouvertüre, zu nehmen ist.

Daß die hier zuletzt berührte Eigenthümlichkeit der Don Juan-Ouvertüre unseren meisten Dirigenten roh-gewohnter Weise entgeht, soll uns jetzt nicht zu vorzeitigen Betrachtungen verleiten, sondern Eines will ich nur erst festgestellt wissen, nämlich: daß der Charakter dieses älteren, klassischen, oder – wie ich es

---

3: Suitenform] Die Form oder Gattung der Suite wurde vor allem von Franz Lachner (1803-1890) wiederbelebt, der insgesamt acht solcher Werke für Orchester komponierte und damit auch erfolgreich war. Wagners Polemik gegen diese Wiederbelebung zielte vor allem auf die Person Lachners, der als Generalmusikdirektor des Hoftheaters in München bis zu seiner Pensionierung 1868 ein direkter und einflussreicher Gegenspieler Wagners war.

3-4: gedankenlosen] gedankenloseren A_1 A_2 D_1 D_2.

9-10: Forte-Vortrage] dem Forte-Vortrage A_1 A_2 D_1.

20-21: Nöthigung zur Modifikation des Zeitmaaßes] Gemeint ist der Schlussabschnitt der *Don Giovanni*-Ouvertüre ab Takt 282.

24: zwar auch ein ALLABREVE] Für die Ouvertüre ist ¢ vorgeschrieben, für *N°. 1 Introduzione* aber C.

28: erst] für erst A_1 erstlich A_2.

nenne – naiven Allegro's ein himmelweit verschiedener von dem des neueren, sentimentalen, recht eigentlich Beethoven'schen Allegro's ist. Erst Mozart lernte durch das, hierzu als zu einer Neuerung angeleitete, Mannheimer Orchester das Crescendo und Diminuendo im Orchestervortrage kennen: bis dahin deckt uns auch die Instrumentirungsweise der alten Meister auf, daß zwischen den FORTE- und PIANO-Sätzen eines Allegro's nichts auf einen eigentlichen Gefühlsvortrag Berechnetes eingestreut war.

Wie verhält sich hiergegen nun aber das eigentliche Beethoven'sche Allegro? – Wie wird sich (um die unerhörte Neuerung Beethoven's sogleich durch seine kühnste Eingebung dieser Art zu bezeichnen) der erste Satz seiner heroischen Symphonie ausnehmen, wenn er im strikten Tempo eines Mozart'schen Ouvertüren-Allegro's abgespielt wird? – Ich frage aber, ob es einem unserer Dirigenten einfällt, das Tempo für diesen Satz je anders zu nehmen, als dort, nämlich glatt weg, in einem Strich, vom ersten bis zum letzten Takte? Sollte von einem „Auffassen" des Tempo seinerseits überhaupt die Rede sein, so kann man es für gewiß halten, daß er vor Allem dem Mendelssohn'schen „CHI VA PRESTO, VA SANO" folgen wird, – sobald er nämlich der eleganten Kapellmeisterei angehört. Wie die Musiker, welche etwa Sinn für Vortrag haben, dann mit dem

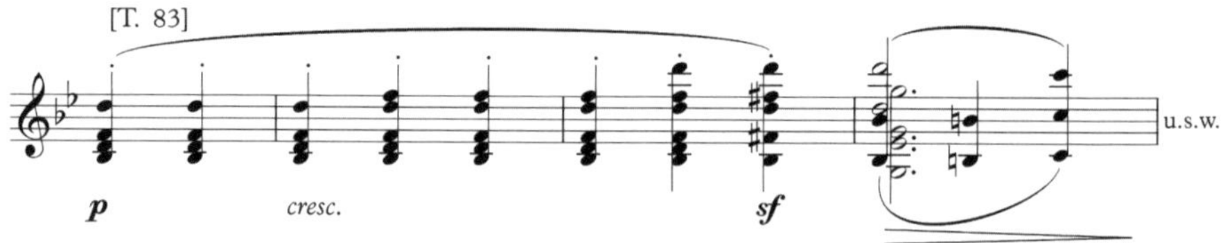

oder dem wehklagenden:

2: eigentlich] eigentlichen D_1 D_2 D_3.

3: das, hierzu als zu einer Neuerung angeleitete,] das Neuerungs-weise hierfür angeleitete A_1 A_2.

4: Crescendo und Diminuendo im Orchestervortrage] Die Erfindung großangelegter Crescendi und Diminuendi als eigenständiger Effekte wird bis heute den Musikern des Mannheimer Orchesters zur Zeit des Kurfürsten Karl Theodor zugeschrieben. Mozart hätte diese Vortragsweise demnach bei seinem Besuch in Mannheim 1778 kennengelernt oder zumindest kennenlernen können. Tatsächlich enthalten seine nach 1778 geschriebenen Werke kaum mehr Crescendo-Vorschriften als die früheren, und sie betreffen fast ausnahmslos kurze Passagen, von Diminuendo-Anweisungen ganz zu schweigen.

16-17: CHI VA PRESTO, VA SANO] Wörtlich: Wer schnell geht, geht gesund. Wahrscheinlich parodistische Abwandlung des italienischen Sprichworts *Chi va piano, va sano e va lontano* (Wer langsam geht, geht gesund und weit).

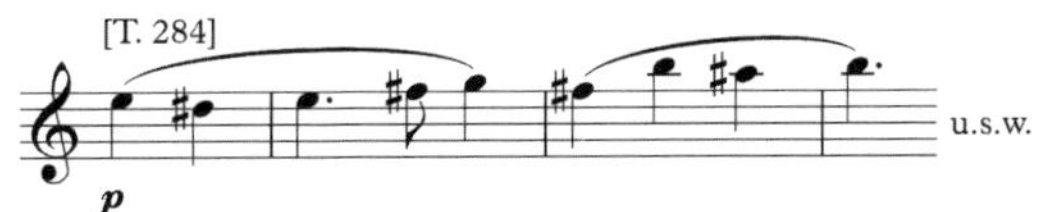

zurecht kommen, dafür mögen sie zusehen; Jene kümmert dieß nicht, denn sie sind auf „klassischem“ Boden, da geht es in einem Zuge fort: GRANDE VITESSE, vornehm und einbringlich zugleich, auf englisch: TIME IS MUSIC. –

In der That sind wir hier auf dem entscheidenden Punkte für die Beurtheilung unseres ganzen heutigen Musikmachens angekommen, dem ich mich daher, wie zu bemerken gewesen sein wird, mit einigermaßen vorsichtiger Umständlichkeit genähert habe. Mir konnte zunächst nur darum zu thun sein, das Dilemma selbst aufzudecken, und dem Gefühle eines Jeden es klar zu machen, daß seit Beethoven hinsichtlich der Behandlung und des Vortrages der Musik eine ganz wesentliche Veränderung gegen früher eingetreten ist. Was früher in einzelnen abgeschlossenen Formen zu einem Fürsichleben auseinandergehalten war, wird hier, wenigstens seinem innersten Hauptmotive nach, in den entgegengesetztesten Formen, von diesen selbst umschlossen, zu einander gehalten und gegenseitig aus sich entwickelt. Natürlich soll dem nun auch im Vortrage entsprochen werden, und hierzu gehört vor allen Dingen, daß das Zeitmaaß von nicht minderer Zartlebigkeit sei, als das thematische Gewebe, welches durch jenes sich seiner Bewegung nach kundgeben soll, selbst es ist.

Setzen wir nun fest, daß, im Betreff der von mir gemeinten stets gegenwärtigen und thätigen M o d i f i k a t i o n des Tempo’s eines klassischen Musikstückes neueren Styles, es sich um nicht mindere Schwierigkeiten handelt, als diejenigen, mit welchen überhaupt das richtige Verständniß dieser Offenbarungen des ächten deutschen Genius zu ringen hat. – In dem Vorangehenden habe ich einigen an den allerersten Koryphäen der Musik unserer Zeit gemachten Erfahrungen besondere Beachtung gewidmet, um meiner Darstellung das chaotische Detail der Aufzählung der geringeren Fälle meiner Experienz zu ersparen: wenn ich jetzt nicht anstehe, allen diesen zusammen genommen das Urtheil zu entnehmen, daß ich, nach der Art wie wir ihn durch öffentliche Aufführungen bisher erst kennen gelernt haben, den eigentlichen Beethoven bei uns noch für eine reine Chimäre halte, so möchte ich nun dieser gewiß nicht weichlichen Behaup-

---

3: time is music] Gemeint ist selbstverständlich *time is money*. *Danach Leerzeile* D_2.

16: Gewebe] Gewebe selbst A_2.

17: kundgeben] kundthun A_1. soll, selbst es ist] soll A_2.

20-21: diejenigen] diejenigen es sind A_1 A_2.

22: ächten] ächtesten A_1 A_2.

25: der geringeren] gemeiner A_1 der gemeineren A_2.

26: jetzt] nun A_1 A_2 D_1.

tung dadurch zu einem Beweise verhelfen, daß ich die negative Seite desselben durch den positiven Nachweis der, meiner Meinung nach, richtigen Art des Vortrages für jenen Beethoven und das ihm Verwandte, unterstütze.

Da der Gegenstand mich auch in dieser Beziehung unerschöpflich dünkt, will ich mich wiederum an wenigere drastische Punkte der Erfahrung zu halten suchen. –

Eine der Hauptformen der musikalischen Satzbildung ist die einer Folge von Variationen auf ein vorangestelltes Thema. Bereits Haydn, und endlich Beethoven, haben die an sich lose Form der bloßen Aufeinanderfolge von Verschiedenheiten, außer durch ihre genialen Erfindungen, auch dadurch künstlerisch bedeutend gemacht, daß sie diesen Verschiedenheiten Beziehungen zu einander gaben. Dieß geschieht am glücklichsten, wenn der Weg der Entwickelung aus einander eingeschlagen wird, demnach wenn die eine Bewegungsform, sei es durch Fortspinnung des in ihr nur Angedeuteten, oder durch Ergänzung des in ihr Mangelnden, zu gewissermaßen befriedigender Überraschung in die andere Bewegungsform hinüberführt. Die eigentliche Schwäche der Variationenform als Satzbildung wird aber dann aufgedeckt, wenn ohne jede Verbindung oder Vermittelung stark kontrastirende Theile neben einander gestellt werden. Gerade hieraus weiß zwar Beethoven ebenfalls wieder einen Vortheil zu ziehen, aber dann eben in einem Sinne, der die Annahme alles Zufälligen, Unbeholfenen vollkommen ausschließt: nämlich an den oben von mir bezeichneten Schönheitsgränzen sowohl des unendlich ausgedehnten Tones (im Adagio), als der schrankenlosen Bewegung (im Allegro), erfüllt er mit einer scheinbaren Plötzlichkeit die übermäßige Sehnsucht nach dem nun erlösenden Gegensatze, indem er die kontrastirende Bewegung dann als die einzig entsprechende eintreten läßt. Dieß lernen wir eben aus des Meisters großen Werken; und der letzte Satz der SINFONIA EROICA ist zu dieser Belehrung eine der vorzüglichsten Anleitungen, sobald dieser Satz nämlich nach dem Charakter eines unendlich erweiterten Variationensatzes erkannt, und als solcher mit mannigfaltigster Motivirung vorgetragen wird. Um der letzeren für diesen, wie für alle ähnlichen Sätze, mit Bewußtsein sich zum Meister zu machen, muß aber die zuvor erwähnte Schwäche der Variationssatzform desto sicherer erkannt, und demzufolge ihre nachtheilige Wirkung auf das Gefühl abgeleitet werden. Zu häufig nämlich sehen wir, daß die Variationen eben nur einzeln für sich entstan-

---

3: *danach Leerzeile* D_2.

4: mich] mir A_1 A_2.

12: gaben.] gaben: A_1 geben. D_1.

13: demnach] d. h. A_1 A_2.

30: der] dieser A_2 D_1.

32: Variationssatzform] Variationensatzform A_1 A_2.

den, und bloß nach einer gewissen, ganz äußerlichen Konvention an einander gereiht sind. Die unangenehmste Wirkung von dieser achtlosen Nebeneinanderstellung erfahren wir, wenn sogleich nach dem ruhig getragenen Thema eine unbegreiflich lustig bewegte erste Variation eintritt. Die erste Variation des so über Alles wundervollen Thema's des zweiten Satzes der großen A-dur-Sonate für Klavier und Violine [op. 47] von Beethoven hat mich, da ich sie noch von keinem Virtuosen anders behandeln hörte, als es eben eine zur gymnastischen Produktion dienende „erste Variation" überhaupt verdient, stets zur Empörung gegen alles fernere Musikanhören gebracht. Wunderlich war es nun, daß, wem ich mich noch klagend hierüber eröffnete, von allen Seiten her ich nur dieselbe Erfahrung, wie mit dem TEMPO DI MENUETTO der achten Symphonie wiederholte. Man gab mir „im Ganzen" Recht, begriff im Einzelnen aber nicht, was ich wollte. Gewiß ist nur (um bei dem angeführten Falle zu bleiben), daß diese erste Variation des wundervoll getragenen Thema's einen bereits auffällig belebten Charakter trägt; jedenfalls hat sie sich der Komponist, als er sie erfand, zunächst gar nicht in unmittelbarer Folge, also nicht im vollen Zusammenhange mit dem Thema selbst gedacht, worin ihn die formelle Abgeschlossenheit der Theile der Variationenform unbewußt bestimmte. Nun werden aber diese Theile in unmittelbarer Aufeinanderfolge vorgetragen. Aus anderen, nach der Variationenform gebildeten, aber im unmittelbaren Zusammenhange gedachten Sätzen des Meisters (wie z. B. dem zweiten Satze der C-moll-Symphonie, oder dem Adagio des großen Es-dur-Quartettes [op. 127], vor Allem auch dem wunderbaren zweiten Satze der großen C-moll-Sonate, Op. 111) wissen wir nun auch, wie gefühlvoll und zartsinnig dort die Überleitungspunkte der einzelnen Variationen ausgeführt sind. Somit liegt es doch nun für den Vortragenden, der in solchem Falle, wie in dem mit der sogenannten Kreutzer-Sonate, die Ehre beansprucht, für den Meister voll und ganz einzutreten, recht nahe, daß er wenigstens den Eintritt dieser ersten Variation mit der Stimmung des soeben beendeten Thema's etwa dadurch

---

9: Wunderlich] Wunderbar A_1 Wunderbarlich A_2.

15: trägt;] trägt: A_1 A_2.

16-17: nicht im vollen Zusammenhange mit dem Thema selbst gedacht] Dies ist eine Behauptung Wagners, die sich anhand der überlieferten Quellen zu der Sonate nicht belegen lässt.

21: dem zweiten Satze der C-moll-Symphonie] Während es sich bei den Sätzen aus op. 111 und 127 zweifelsfrei um Variationenreihen handelt, ist dies beim zweiten Satz der V. Symphonie durchaus nicht deutlich oder gar eindeutig. Um so bemerkenswerter erscheint es, dass Wagner diesem formal vielschichtigen Satz so selbstverständlich Variationsform attestiert. Vgl. unten S. 38, 8-11: „die von einander abweichenden Mannigfaltigkeiten einer Folge von Variationen sind hier nicht mehr nur an einander gereiht, sondern sie berühren sich unmittelbar, und gehen unmerklich in einander über."

23: gefühlvoll] sinnvoll A_1.

in eine milde Beziehung zu bringen sucht, daß er im Betreff des Zeitmaaßes eine gewisse Rücksicht durch anfänglich milde Deutung des neuen Charakters, in welchem – nach der unabänderlichen Ansicht der Klavier- und Violinspieler – diese Variation auftritt, ausübt: geschähe dieß mit rechtem künstlerischem Sinne, so würde etwa der erste Theil dieser Variation selbst den allmählich immer belebteren Übergang zu der neuen, bewegteren Haltung bieten, somit, ganz abgesehen von dem sonstigen Interesse dieses Theiles, auch noch diesen Reiz eines freundlich sich einschmeichelnden, im Grunde aber nicht unbedeutenden Wechsels des im Thema niedergelegten Hauptcharakters gewinnen. –

Einen gesteigerten Fall von ähnlicher Bedeutung bezeichne ich mit der Hinweisung auf den Eintritt des ersten Allegro's 6/8 nach dem einleitenden längeren Adagiosatze des Cis-moll-Quartettes [op. 131] von Beethoven. Dieses ist mit „MOLTO VIVACE" bezeichnet, womit sehr entsprechend der Charakter des ganzen Satzes angegeben ist. Ganz ausnahmsweise läßt nun aber Beethoven in diesem Quartette die einzelnen Sätze ohne die übliche Unterbrechung im Vortrage unmittelbar einander sich anreihen, ja – wenn wir sinnvoll hinblicken – sie nach zarten Gesetzen sich aus einander entwickeln. Dieser Allegrosatz folgt demnach unmittelbar einem Adagio von so träumerischer Schwermuth, wie kaum ein anderes des Meisters sich findet; als deutbares Stimmungsbild enthält er zunächst ein gleichsam aus der Erinnerung auftauchendes, alsbald bei seinem Erkanntwerden lebhaft erfaßtes und mit gesteigerter Empfindung gehegtes lieblichstes Phänomen. Hier handelt es sich nun offenbar darum, in welcher Weise dieses an die schwermüthige Erstarrung des unmittelbar vorangehenden Adagio-Schlusses herantreten, gleichsam aus ihr auftauchen soll, um nicht durch die Schroffheit seines Eintrittes unsere Empfindung eher zu verletzen als anzuziehen. Ganz angemessen tritt dieses neue Thema auch zunächst im ungebrochenen *pp*, eben wie ein zartes, kaum erkennbares Traumbild auf, und verliert sich alsbald in ein zerfließendes Ritardando, worauf es sich zur Kundgebung seiner Wirklichkeit gleichsam erst belebt, und durch das Crescendo in die ihm eigene bewegte Sphäre tritt. Offenbar ist es hier eine zarte Pflicht des Vortragenden, dem genügend angezeigten Charakter dieses Allegro's angemessen, seinen ersten Eintritt auch durch das Tempo zu modifiziren, nämlich, zunächst an die das Adagio schließenden Noten:

4: künstlerischem] künstlerischen A_1 A_2 D_1 D_2.

6: neuen] neueren D_1 D_2 D_3.

9: *folgende Leerzeile fehlt* A_2 D_1 D_2.

18: träumerischer] träumerischem A_2 D_1.

Adagio von so träumerischer Schwermuth] Vgl. dazu Wagners Erläuterung von 1854 (SSD XII, S. 350).

27: alsbald] mit dem 8ten Takte A_1.

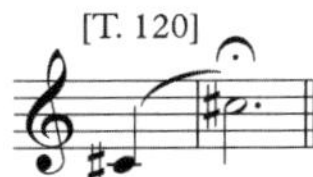

sich haltend, das darauf folgende

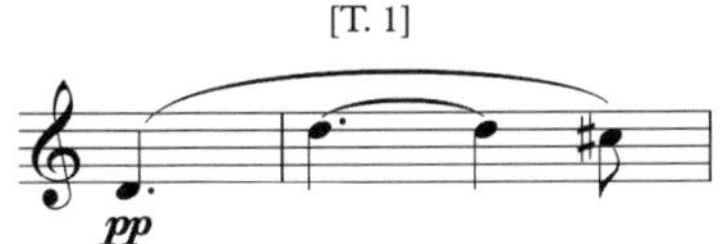

so unmerklich anzufügen, daß für das Erste von einem Tempowechsel gar nichts zu merken ist, dagegen erst nach dem Ritardando, mit dem Crescendo den Vortrag so zu beleben, daß das vom Meister vorgezeichnete schnellere Tempo als eine der dynamischen Bedeutung des Crescendo entsprechende rhythmische Konsequenz hervortritt. – Wie sehr verletzt es dagegen alles nur eigentliche künstlerische Schicklichkeitsgefühl, wenn diese Modifikation, wie es ausnahmslos bei jeder Aufführung dieses Quartettes geschieht, nicht ausgeführt, und dagegen sogleich mit dem frechen VIVACE hineingefallen wird, als ob eben Alles doch nur Spaß wäre und es nun lustig hergehen solle! So aber erscheint es den Herren „klassisch".

Da nun aber an Modifikationen des Tempo, wie ich sie jetzt an wenigen Beispielen mit umständlicherer Begründung als durchaus erforderlich nachgewiesen habe, für den Vortrag unserer klassischen Musik unermeßlich viel gelegen ist, so will ich nun, an der Hand dieser Beispiele weitergehend, die Bedürfnisse eines richtigen Vortrages unserer klassischen Musik in näheren Betracht nehmen, und zwar auf die Gefahr hin, unseren für die klassische Musikrichtung so besorgten, und um dieser Besorgtheit willen so geehrten Herren Musikern und Kapellmeistern einige fatale Wahrheiten sagen zu müssen. –

Wohl darf ich hoffen, mit den voranstehenden Untersuchungen das Problem der Modifikation des Tempo's für die klassischen Musikwerke des neueren, eigentlich deutschen Styles, zugleich mit den, nur dem eingeweihten zarteren

---

11: „klassisch".] „klassisch"; das Andere dagegen gilt ihnen allerneuestens für romantisch und sehr bedenklich. A_2 D_1 „klassisch"; das andere dagegen gilt ihnen für romantisch und sehr bedenklich. A_1.

17: unseren] im neuen Jahre 1870 unseren A_1 A_2 D_1.

18: willen] willen überall A_1 A_2. so] so sehr A_1.

20: *Beginn der 5. Fortsetzung* A_1 A_2 D_1.

Geiste erkennbaren wie lösbaren, Schwierigkeiten dieser Modifikation nachgewiesen zu haben. In Dem, was ich die durch Beethoven zum ewig giltigen Kunsttypus erhobene sentimentale Gattung der neueren Musik nenne, mischen sich nämlich alle Eigenarten des früheren vorzugsweise naiven, musikalischen Kunsttypus' zu einem, dem schaffenden Meister stets bereit liegenden, und von ihm nach reichstem Belieben verwendeten Material: der gehaltene und der gebrochene Ton, der getragene Gesang und die bewegte Figuration, stehen sich nicht mehr, formell auseinandergehalten, gegenüber; die von einander abweichenden Mannigfaltigkeiten einer Folge von Variationen sind hier nicht mehr nur an einander gereiht, sondern sie berühren sich unmittelbar, und gehen unmerklich in einander über. Gewiß ist aber (wie ich an einzelnen Fällen dieß ausführlich nachwies) dieses neue, so sehr mannigfaltig gegliederte Tonmaterial eines solcher Weise gebildeten symphonischen Satzes auch nur in der ihm entsprechenden Art in Bewegung zu setzen, wenn das Ganze nicht, in einem wahren und tiefen Sinne, als Monstruosität erscheinen soll. Ich entsinne mich noch in meiner Jugend die bedenklichen Äußerungen älterer Musiker über die „Eroica" vernommen zu haben: Dionys Weber in Prag behandelte sie geradesweges als Unding. Sehr richtig: dieser Mann kannte nur das von mir zuvor charakterisirte Mozart'sche Allegro; in dem strikten Tempo desselben ließ er auch die Allegro's der Eroica von den Zöglingen seines Konservatoriums spielen, und, wer eine solche Aufführung angehört hatte, gab Dionys allerdings Recht. Nirgends spielte man sie aber anders, und wenn diese Symphonie heute, trotzdem man sie auch jetzt noch nicht anders spielt, meistens überall mit Acclamation aufgenommen wird, so kommt dieses, wenn wir nicht über diese ganze Erscheinung nur spotten wollen, im guten Sinne vor Allem daher, daß seit mehreren Dezennien diese Musik immer mehr, auch abseits der Konzertaufführungen, namentlich am Klaviere studirt wird, und ihre unwiderstehliche Gewalt in ihrer ebenfalls unwiderstehlichen Weise, einstweilen auf allerhand Umwegen, auszuüben weiß. Wäre dieser Rettungsweg ihr vom Schicksale nicht vorgezeichnet, und käme es lediglich auf unsere Herren Kapellmeister u. s. w. an, so müßte unsere edelste Musik nothwendig zu Grunde gehen.

Um nun so auffallenden Behauptungen eine durch die Erfahrung leicht zu erhärtende Unterlage zu geben, ziehe ich ein Beispiel an, dem man kein gleich populäres zweites in Deutschland zur Seite stellen können wird.

Wie oft hat nicht Jeder die Ouvertüre zum Freischütz von unseren Orchestern spielen gehört?

8-9: abweichenden] abweichendsten A_1.

17: Dionys Weber] D. W. (1766-1842), Komponist, Dirigent, Direktor des Prager Konservatoriums. Er führte bei einem Besuch Wagners in Prag im November 1832 dessen Symphonie in C-Dur WWV 29 in einer Probe des Konservatoriumsorchesters auf.

Nur von Wenigen weiß ich es, daß sie heute darüber erschrecken, wie trivial heruntergespielt sie dieses wundervolle musikalische Gedicht bisher zahllos oftmals mit anhörten, ohne davon eine Empfindung zu haben; diese Wenigen sind nämlich die Besucher eines im Jahre 1864 in Wien gegebenen Konzertes, in welchem ich, zur Mitwirkung freundschaftlich eingeladen, unter Anderem eben diese Freischütz-Ouvertüre aufführte. In der hierzu stattfindenden Probe ereignete es sich nämlich, daß das Wiener Hofopern-Orchester, unstreitig eines der allervorzüglichsten der Welt, durch meine Anforderungen im Betreff des Vortrages dieser Ouvertüre völlig außer Fassung gerieth. Gleich beim Beginn zeigte es sich, daß das Adagio der Einleitung bisher, im Tempo des „Alphorn's“ oder ähnlicher gemüthlicher Kompositionen, als leicht gehäbiges [sic] Andante genommen worden war. Daß dieß aber nicht etwa nur auf einer Wiener Tradition beruhte, sondern zur allgemeinen Norm geworden war, hatte ich schon in Dresden, an derselben Stelle, wo Weber selbst einst sein Werk leitete, kennen gelernt. Als ich achtzehn Jahre nach des Meisters Tode zum ersten Male selbst in Dresden den Freischütz dirigirte, und hierbei, unbekümmert um die unter meinem älteren Kollegen Reissiger bisher eingerissenen Gewohnheiten, auch das Tempo der Einleitung der Ouvertüre nach meinem Sinne nahm, wendete sich ein Veteran aus Weber's Zeit, der alte Violoncellist Dotzauer, ernsthaft zu mir, und sagte mir: „Ja, s o hat es Weber auch genommen; ich höre es jetzt zum ersten Male wieder richtig“. Von Seiten der damals noch in Dresden lebenden Wittwe Weber's trug mir diese Beurkundung meines richtigen Gefühles für die Musik ihres

---

3: haben;] haben: A_1 A_2.

4: im Jahre 1864 in Wien gegebenen Konzertes] Das von Karl Tausig veranstaltete Konzert fand am 27. Dezember 1863 statt. Wagner dirigirte darin neben der Ouvertüre zu Webers *Der Freischütz* auch noch Ausschnitte aus *Tristan und Isolde* und *Die Meistersinger von Nürnberg*.

10: im Tempo des „Alphorn's“] Gemeint ist wahrscheinlich die Vertonung von Robert Reinicks Gedicht „Ein Alphorn hör' ich schallen“ für „3 Frauenstimmen mit Begleitung des Pianoforte op. 23“ von Otto Thiesen (Bote & Bock, Berlin). Exemplar: Bayerische Staatsbibliothek, München, Signatur: 4° Mus. pr. 57750.

15-16: Als ich achtzehn Jahre nach des Meisters Tode zum ersten Male selbst in Dresden den Freischütz dirigirte] Wagner hätte demnach im Jahre 1844 erstmals eine Aufführung des *Freischütz* in Dresden geleitet. Das genaue Datum ist nicht feststellbar, weil die Theaterzettel den Namen des Dirigenten nicht enthalten. Auch die Erwähnungen der Dresdner *Freischütz*-Aufführungen vom 25. Juni 1843 und vom 15. Dezember 1844 in der Presse nennen den Namen des Dirigenten nicht (vgl. Kirchmeyer II, Spalte 206, 533, 535f.).

19: der alte Violoncellist Dotzauer] Justus Johann Friedrich D. (1783-1860), Schüler Bernhard Rombergs, seit 1811 Mitglied des Dresdener Hoforchesters.

21: wieder richtig] wieder A_1.

21-22: Wittwe Weber's] Carolina W., geb. Brandt (1794-1852).

lange verschiedenen Gemahles wahrhaft zärtliche Wünsche für mein gedeihenvolles Verharren in der Dresdener Kapellmeisterstellung ein, weil sie nun der so lange schmerzlich verlorenen Hoffnung sich von Neuem hingeben dürfe, jene Musik in Dresden richtig wieder aufgeführt zu wissen. Ich führe dieses schöne und wohlthuende Zeugniß für mich an, weil es, verschiedenen anderen Arten der Beurtheilung meiner künstlerischen Thätigkeit auch als Dirigent gegenüber, mir eine tröstliche Erinnerung bewahrt hat. – Unter Anderen machte jene edle Ermuthigung mich für dießmal auch so kühn, bei der fraglichen Wiener Aufführung der Freischütz-Ouvertüre auf die letzten Konsequenzen einer Reinigung des Aufführungsmodus' derselben zu dringen. Das Orchester studirte das bis zum Überdruß bekannte Stück vollständig neu. Unverdrossen änderten die Hornbläser unter der zartsinnig künstlerischen Anführung R. Lewi's den Ansatz, mit welchem sie bisher die weiche Waldphantasie der Einleitung als hochtönig prahlendes Effektstück geblasen, gänzlich, um der Vorschrift gemäß zu dem PIANISSIMO der Streichinstrument-Begleitung in ganz anderer Weise den beabsichtigten zauberischen Duft über ihren Gesang auszugießen, wobei sie nur einmal (ebenfalls nach Vorschrift) die Stärke des Tones zu einem Mezzoforte anschwellten, um dann, ohne den üblichen SFORZANDO auf dem nur zart inflektirten

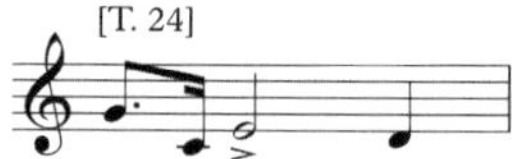

sanft schmelzend sich zu verlieren. Auch die Violoncelle milderten den gebräuchlich gewordenen heftigen Anstoß des

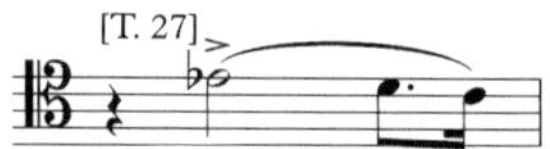

über dem Tremolo der Violinen zu dem gewollten nur leisen Seufzer, wodurch das endlich der Steigerung folgende Fortissimo seine ganze erschreckend verzweiflungsvolle Bedeutung erhielt. – Nachdem ich so dem einleitenden Adagio

---

7: bewahrt] bewahret D_1 D_2 D_3.

12: R. Lewi's] Richard Lewy, auch: Loewy (1827-1883), Hornist im Wiener Hofopernorchester, später Gesangslehrer. Er bildete unter anderen Mathilde Mallinger aus, die Wagner für die Uraufführung der *Meistersinger von Nürnberg* in München 1868 für die Rolle der Eva engagierte.

18: den üblichen] *wahrscheinlich* das übliche A_1 des üblichen [sic] D_1 D_2 D_3

23: erschreckend] *fehlt* A_1.

24: erhielt. –] erhält. D_1 D_2 D_3.

seine schauerlich geheimnißvolle Würde zurückgegeben hatte, ließ ich der wilden Bewegung des Allegro's vollen leidenschaftlichen Lauf, wobei ich durch die Rücksicht auf den zarteren Vortrag des sanften zweiten Hauptthema's in keiner Weise gebunden war, weil ich mir sehr wohl zutraute, zur rechten Zeit *das Tempo wieder so weit zu ermäßigen*, daß es unmerklich zu dem richtigen Zeitmaaße für dieses Thema gelangte.

Ganz offenbar bestehen nämlich die meisten, ja fast alle kombinirteren neueren Allegro-Sätze aus zwei im Grunde wesentlich verschiedenen Bestandtheilen: die Bereicherung derselben, im Gegensatz zu der früheren naiveren, oder ungemischteren Allegro-Konstruktion, liegt eben in dieser Kombination des reinen Allegrosatzes mit der thematischen Eigenthümlichkeit des gesangreichen Adagio's in allen seinen Abstufungen. Das zweite Hauptthema des Allegro's der Ouvertüre zu „Oberon“:

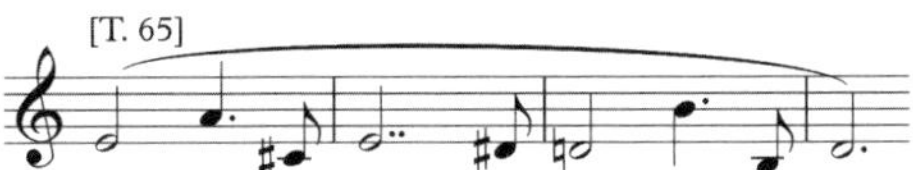

zeigt, wie es dem eigentlichen Allegro-Charakter ganz und gar nicht mehr angehört, diese entgegengesetzte Eigenschaft am unverhülltesten auf. Dieser entgegengesetzte Charakter ist für die technische Form vom Komponisten natürlich ganz in der Weise zur Verwebung mit dem Hauptcharakter des Tonstückes vermittelt, wie seine eigenste Tendenz bereits um dieser Vereinigung willen abgeleitet ist. Dieß will sagen: äußerlich liest sich dieses Gesangsthema ganz nach dem Schema des Allegro's ab; sobald es seinem Charakter nach lebenvoll sprechen soll, zeigt es sich aber, *welcher Modifikation dieses Schema eben fähig gedacht sein mußte, um dem Tondichter für beide Hauptcharaktere gleichmäßig verwendbar dünken zu können.*

Um mich für jetzt in meiner Erzählung von jener Aufführung der Freischütz-Ouvertüre mit dem Wiener Orchester nicht länger zu unterbrechen, berichte ich nun des Weiteren, daß ich, nach äußerster Erregung des Zeitmaaßes, den ganz dem Adagio entlehnten, lang gedehnten Gesang der Klarinette:

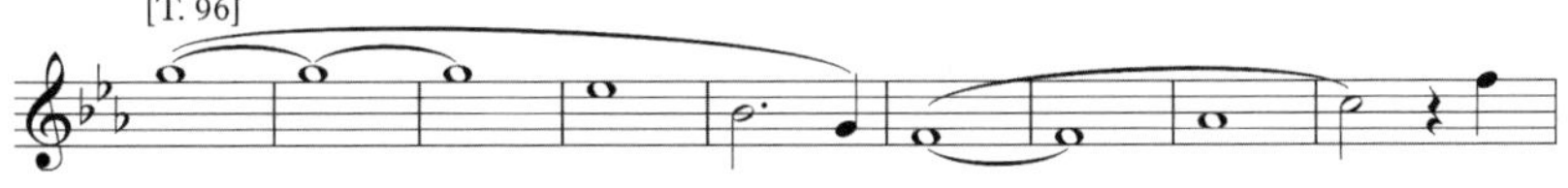

3: des sanften zweiten Hauptthema's] Gemeint ist Takt 123ff.

4: mir] mir es A_1 A_2.

dazu verwendete, von hier an, wo alle figurative Bewegung im gehaltenen (oder zitternden) Tone aufgeht, das Tempo durchaus unmerklich so weit zurückzuhalten, daß es, trotz der wiederum bewegteren Zwischenfigur:

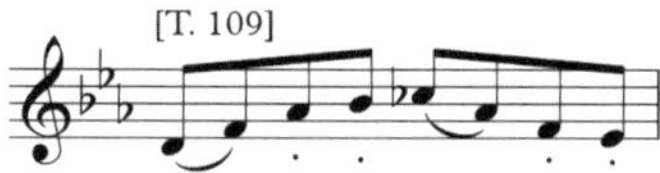

mit der hierdurch so schön vorbereiteten Kantilene in Es-dur in der gelindesten Nüance des immerhin festgehaltenen Hauptzeitmaaßes angekommen war. Wenn ich nun für dieses Thema

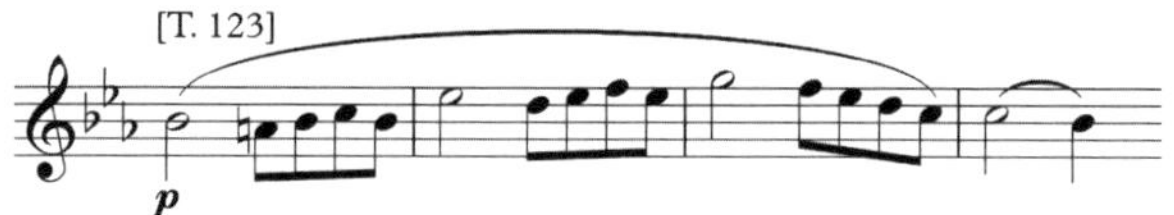

darauf hielt, daß es gleichmäßig PIANO, also ohne die übliche gemeine Accentuation beim Aufsteigen der Figur, sowie mit gleichmäßiger Bindung im Vortrage, also nicht

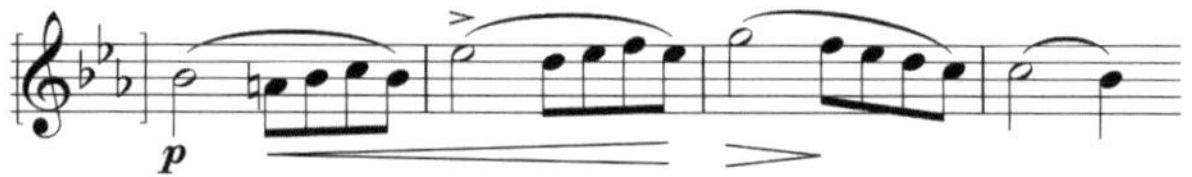

gespielt wurde, so war dieß zwar mit den sonst so trefflichen Musikern Alles erst zu besprechen, der Erfolg dieses Vortrages war aber sogleich so auffällig, daß ich für die wiederum unmerkliche Neubelebung des Tempo's mit dem pulsirenden

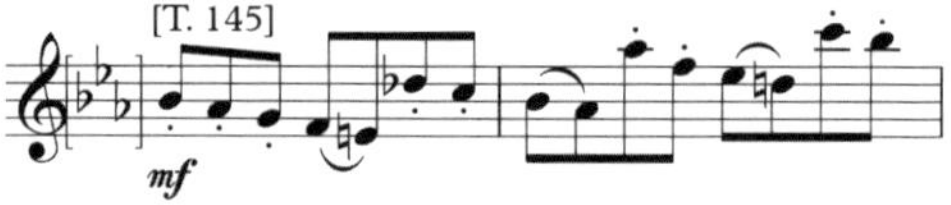

nur die leiseste Andeutung der Bewegung zu geben hatte, um auch für den Wiedereintritt der energischesten Nüance des Haupttempo's mit dem folgenden Fortissimo das ganze Orchester im verständnißvollsten Eifer zu finden. Nicht ganz leicht erwies es sich, die gedrängtere Wiederkehr des Konfliktes der zwei so stark entgegengesetzten Motive, ohne das richtige Gefühl für das Haupttempo zu erschüttern, in ihrer Bedeutung für den Vortrag geltend zu machen, da bis

---

1-2: (oder zitternden)] *fehlt* A_1.

4: der hierdurch] dem hierdurch A_1 A_2 D_1. Kantilene] Cantabile A_1 A_2 D_1.

10: wurde] werde D_1 D_2 D_3. trefflichen] vortrefflichen A_1 A_2 D_1.

zur äußersten Anspannung der verzweiflungsvollen Energie des eigentlichen Allegro's mit dem Kulminationspunkte

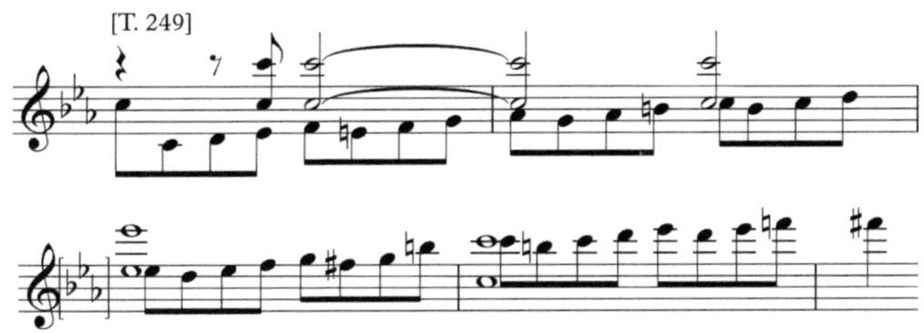

dieser Widerstreit in immer kürzeren Perioden sich konzentrirt, und hier war es eben, wo der Erfolg einer stets thätig gegenwärtigen Modifikation des Zeitmaaßes sich schließlich am glücklichsten herausstellte. – Ihrer Gewöhnung gegenüber sehr überrascht waren nun wieder die Musiker, als ich nach den prachtvoll ausgehaltenen C-dur-Dreiklängen und den sie bedeutungsvoll hinstellenden großen Generalpausen, für den Eintritt des jetzt zum Jubelgesang erhobenen zweiten Thema's nicht die heftig erregte Nüance des ersten Allegro-Thema's, sondern eben die mildere Modifikation des Zeitmaaßes anwendete.

Das Allergebräuchlichste bei unseren Orchestervorträgen ist nämlich die Abhetzung des Hauptthema's am Schlusse, wo oft nur noch der Klang der großen Pferdepeitsche fehlt, um uns die ganz ähnlichen Effekte des Cirkus zurückzurufen. Die gesteigerte Schnelligkeit des Zeitmaaßes für die Schlußstellen der Ouvertüren ist von den Komponisten häufig gewollt, und sie ergiebt sich ganz von selbst, wenn das eigentliche bewegte Allegro-Thema gleichsam das Feld behauptet und schließlich seine Apotheose feiert; wovon ein berühmtes Beispiel die große Ouvertüre zu „Leonore" von Beethoven darbietet. Hier wird nur allermeistens die Wirkung des Eintrittes des gesteigerten Allegro's wieder dadurch gänzlich vernichtet, daß das Haupttempo, welches der Dirigent für die verschiedenen Erfordernisse der anderweitigen thematischen Kombinationen eben nicht zu modifiziren (d. h. unter anderen: rechtzeitig zurückzuhalten) verstand, jetzt bereits zu einer Schnelligkeit gelangt ist, welche die Möglichkeit einer ferneren Steigerung ausschließt, – außer wenn etwa die Streichinstrumentisten es sich einen fast unmäßigen virtuosen Sturmanlauf kosten lassen, wie ich dieß ebenfalls vom Wiener Orchester, zwar mit Staunen, aber nicht mit Befriedigung

---

5: *Gedankenstrich fehlt* A_1 D_1.

8: jetzt] nun A_1 A_2 D_1 D_2.

17: feiert; wovon] feiert, – wovon A_2.

17-18: die große Ouvertüre zu „Leonore" von Beethoven] Wagners Bezeichnung ist zwar nicht eindeutig, doch dürfte die Ouvertüre *Leonore III* gemeint sein, die seit jeher die bekanntere gegenüber *Leonore I* und *II* ist.

19: des Eintrittes des gesteigerten Allegro's] Gemeint ist Takt 514ff. *Presto.*

anhörte; denn die Nöthigung zu dieser exzentrischen Anstrengung ging aus einem empfindlichen Fehler, dem des bis dahin bereits verjagten Tempo's, hervor, und führte somit zu einer Übertreibung, welcher kein wahres Kunstwerk ausgesetzt sein darf, wenn es diese auch, in einem gewissen rohen Sinne, vertragen sollte.

Wie nun aber gar der Schluß der Freischütz-Ouvertüre dazu kommt, in dieser Weise abgehetzt zu werden, das muß, sobald man den Deutschen einiges Zartgefühl zusprechen zu dürfen glaubt, durchaus unbegreiflich bleiben, wird aber eben daraus erklärlich, daß selbst bei ihrem ersten Eintritte diese zweite, jetzt zum Jubelgesang erhobene Kantilene, als gute Beute in den Trott des Hauptallegro's mitgenommen worden war. Hier nahm sie sich dann etwa wie ein kriegsgefangenes munteres Mädchen, an den Schweif des Pferdes eines wild trabenden Kriegsknechtes gebunden, aus; folgerichtig wird es nun, wie zur poetischen Gerechtigkeit, schließlich auf das Pferd selbst gesetzt, vermuthlich nachdem der böse Reiter heruntergefallen ist: und da läßt es denn endlich auch der Kapellmeister gebührend lustig hergehen. – Wer die ganz unbeschreiblich widerwärtige Wirkung dieser – gelinde gesagt – äußersten Trivialisirung des vom inbrünstigen Dankesaufschwung eines fromm liebenden Mädchenherzens erfüllten Motives in allen und jeden unserer öffentlichen Aufführungen der Freischützouvertüre, Jahr aus, Jahr ein empfängt, Alles sehr gut findet, von gewohnten saft- und kraftvollen Orchesterleistungen redet, und nebenbei seinen besonderen Gedanken über die Tonkunst nachhängt, wie etwa der jetzige Jubelgreis Herr L o b e es that, dem steht es recht hübsch, wenn er auch einmal vor den „Absurditäten eines falsch verstandenen Idealismus', durch Hinweisen auf das künstlerisch Ächte, Wahre und Ewiggeltende, gegenüber allerhand halbtollen oder halbgewalkten Doktrinen und Maximen"*) warnt. Wie ich sagte, gelangte dagegen eine Anzahl von Wiener Musikfreunden, denen ich natürlich so etwas eigentlich aufdrängen mußte, einmal dazu, diese arme, viel besudelte Ouvertüre

---

2: dem] eben A_2.

8: bleiben,] bleiben; D_1 D_2.

9: ihrem] seinem A_1 A_2 D_1. diese] dieses A_1 A_2 D_1.

10: Kantilene] Cantabile A_1 A_2 D_1.

11: sie] es A_1 A_2 D_1.

13: es] sie D_2 D_3.

23: Herr Lobe] Johann Christian L. (1797-1881), Flötist, Komponist, Musiktheoretiker und -schriftsteller. Er publizierte u. a. das Buch *Consonanzen und Dissonanzen. Gesammelte Schriften aus älterer und neuerer Zeit*, Leipzig 1869, das neben einem kritischen bis ablehnenden Text über *Richard Wagner als Dichter* (S. 161-169) auch den Aufsatz *Das Orchesterspiel und seine Mängel* enthält (S. 279-287), der sich in vieler Hinsicht mit Wagners Ausführungen in *Über das Dirigiren* trifft.

auch] dann auch A_1 A_2.

anders zu hören. Noch heute dauert der Erfolg hiervon nach. Man behauptete, die Ouvertüre zuvor gar nicht gekannt zu haben, und frug mich, was ich nur damit angefangen hätte? Namentlich war Manchem es unbegreiflich, durch welches, andrerseits mir gar nicht nachzuweisendes Mittel, ich die hinreißende neue Wirkung des Schlußsatzes hervorgebracht hätte: kaum wollte man mir glauben, wenn ich eben nur das gemäßigtere Tempo als den Grund hiervon angab; wogegen allerdings die Herren Musiker des Orchesters etwas mehr – ein wirkliches Geheimniß – verrathen könnten. Nämlich dieses: – im vierten Takte der breit und prachtvoll gespielten Entrata:

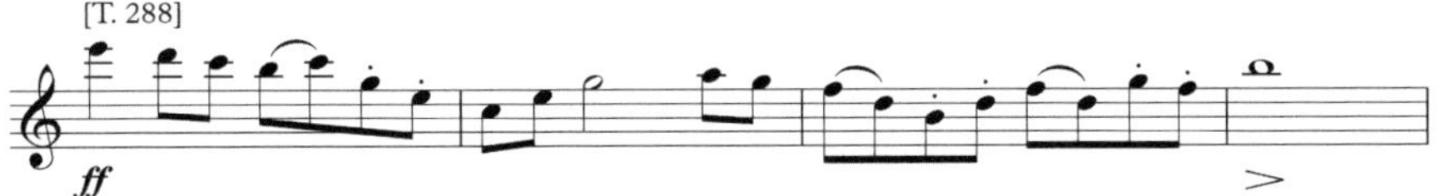

gab ich dem, verlegen und sinnlos in der Partitur sich als scheinbarer Accent ausnehmenden Zeichen > die jedenfalls vom Komponisten so verstandene Bedeutung eines DIMINUENDO-Zeichens (>), und gelangte dadurch zu einem dynamisch gemäßigteren, beim ersten Eintritte sofort durch weichere Inflektion sich auszeichnenden Vortrag der folgenden thematischen Haupttakte

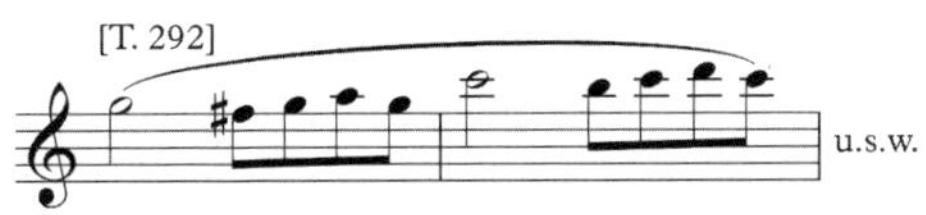

---

*) Siehe: Eduard Bernsdorf, Signale für die musikalische Welt Nr. 67. 1869.

4: andrerseits] anderweits D_1 D_2 D_3.

12: *Decrescendogabel ohne runde Klammern* A_1 D_2 D_3.

15: Eduard Bernsdorf] E. B. (1825-1901), Musikschriftsteller, Schüler von Friedrich Schneider und Adolf Bernhard Marx.

Signale für die musikalische Welt Nr. 67. 1869] Eduard Bernsdorf veröffentlichte in der Zeitschrift *Signale für die musikalische Welt* 27, Nr. 67, 6. Dezember 1869, eine Rezension von Lobes Buch *Consonanzen und Dissonanzen* (vgl. oben S. 44, 23), in der die von Wagner zitierten Worte in folgendem Zusammenhang stehen: „Befindet sich doch gar Vieles darunter, was durch Hochhalten der Fahne des gesunden Menschenverstandes gegenüber den Absurditäten eines falschverstandenen Idealismus, durch Hinweisen auf das künstlerisch Aechte, Wahre und Ewiggeltende gegenüber allerhand halbtollen oder halbgewalkten Doctrinen und Maximen sich auszeichnet und besonders in einer Zeit wie die unsrige, die an Zerfahrenheit und Zerflossenheit der Grundsätze kaum ihres Gleichen unter allen Epochen der Kunstgeschichte findet, seine vollste Berechtigung hat und auch wohl behalten wird." (S. 1057f.)

welche ich nun bis zu dem wieder eintretenden Fortissimo ganz natürlich ebenso anschwellen lassen konnte, wodurch das ganze weiche Motiv dießmal, auf der prachtvollen Unterlage, allerdings einen hinreißend beseligenden Ausdruck erhielt. –

So etwas, wie diesen Vorgang und seinen Erfolg, erfahren nun unsere Herren Kapellmeister gar nicht gern. Herr D e s s o f f, welcher den „Freischütz" im Hofoperntheater demnächst wieder zu dirigiren hatte, war jedoch der Meinung, dem Orchester seine von mir gelehrte neue Vortragsart der Ouvertüre belassen zu sollen; er kündigte ihm dieses lächelnd mit den Worten an: „Nun, die Ouvertüre wollen wir also W a g n e r i s c h nehmen".

Ja, ja: – Wagnerisch! – Ich glaube, es könnte noch Einiges, ohne Schaden „Wagnerisch" genommen werden, Ihr Herren!

Immerhin erschien dieß von Seiten des Wiener Kapellmeisters doch als eine g a n z e Konzession, wogegen mir in einem ähnlichen Falle mein ehemaliger (nun überdieß auch verstorbener) Kollege Reissiger einmal nur ein h a l b e s Zugeständniß machte. Im letzten Satze der A-dur-Symphonie von Beethoven war ich nämlich, als ich seiner Zeit diese öfter zuvor bereits von Reissiger in Dresden dirigirte Symphonie ebenfalls dort aufführte, auf ein in die Orchesterstimmen eingezeichnetes PIANO getroffen, welches der frühere Dirigent ganz aus persönlichem Gutdünken daselbst hatte eintragen lassen. Es betraf dieß die großartig vorbereitete Konklusion dieses Finalsatzes, wo nach den wiederholten Schlägen auf dem A-Septimen-Accord (Härtel'sche Ausgabe der Partitur S. 86) es mit:

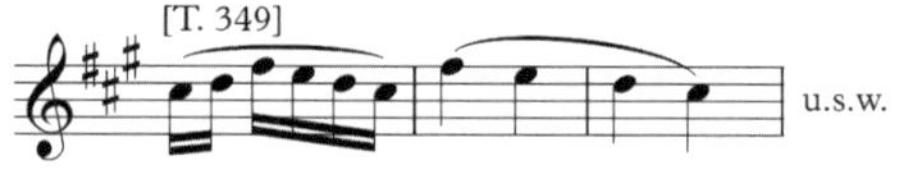

immer im Forte weiter geht, um später durch „sempre più forte" zu noch ungestümerem Rasen hingeführt zu werden. Dieß hatte nun Reissiger verdrossen, und von dem hier angezeigten Takte an ließ er plötzlich PIANO spielen, um so auch mit der Zeit zu einem merkbaren CRESCENDO zu gelangen. Natürlich ließ ich dieses PIANO nun austilgen, das FORTE im energischsten Sinne wiederherstellen, und verletzte so die vermuthlich auch von Reissiger seiner Zeit gehüte-

---

6: Dessoff] Otto D. (1835-1892), Komponist, Dirigent, Schüler des Leipziger Konservatoriums (u. a. von Julius Rietz, Moritz Hauptmann), von 1860 bis 1875 Hofopernkapellmeister in Wien.

15: verstorbener] gestorbener A_1 A_2.

17-18: als ich seiner Zeit diese öfter zuvor bereits von Reissiger in Dresden dirigirte Symphonie ebenfalls dort aufführte] Wagner dirigierte Beethovens VII. Symphonie erstmals in Dresden am 5. Februar 1845 (Kirchmeyer II, Spalte 564).

28: dieses] dieß D_2 D_3.

ten „ewiggeltenden Gesetze“ des Lobe-Bernsdorf’schen Ächten und Wahren. Als dann nach meinem Fortgange von Dresden es unter Reissiger auch einmal wieder zu dieser A-dur-Symphonie kam, hielt der bedenklich gewordene Dirigent hier an, und empfahl dem Orchester MEZZO FORTE zu spielen.

Ein anderes Mal traf ich (es geschah dieß vor noch nicht lange in München) eine öffentliche Aufführung der Ouvertüre zu „Egmont“ an, welche in dem an der Freischütz-Ouvertüre zuvor von mir aufgedeckten Sinne nicht minder belehrend für mich war. Im ALLEGRO dieser Ouvertüre wird das furchtbar schwere SOSTENUTO der Einleitung:

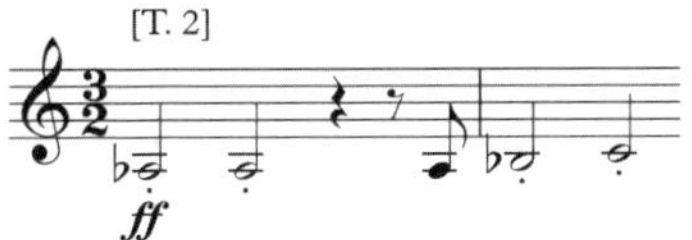

mit verkürztem Rhythmus als Vordertheil des zweiten Thema’s wieder aufgenommen, und durch ein weich behagliches Gegenmotiv beantwortet:

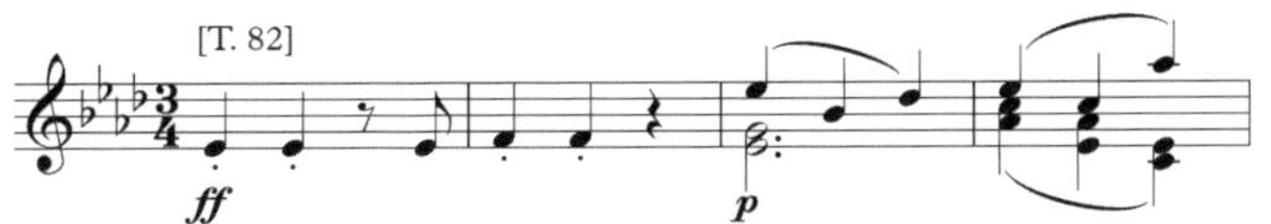

„klassisch“ gewohnter Weise ward hier, wie überall, dieses aus schrecklichem Ernste und wohligem Selbstgefühle so drastisch eng geschürzte Motiv in dem unaufgehaltenen Allegrosturze wie ein welkes Blatt mit hinweggespült, so daß, wenn es beachtet werden konnte, man höchstens etwa ein Tanz-Pas heraushörte, wonach mit den zwei ersten Takten das Paar den Antritt nahm, um sich, so kurz es dauere, mit den beiden folgenden Takten in Ländlerweise einmal herumzudrehen. Als nun Bülow, in Abwesenheit des gefeierten älteren Dirigenten, diese Musik einmal zu dirigiren hatte, veranlaßte ich Jenen zum richtigen Vortrag auch dieser Stelle, welche sofort im Sinne des hier so lakonischen Tondichters schlagend wirkt, wenn das bis dahin leidenschaftlich erregte Tempo, sei

---

4: Orchester] Orchester – $A_2 D_1$.

6: öffentliche Aufführung der Ouvertüre zu „Egmont“] Gemeint ist eine Aufführung unter Franz Lachner, deren Datum jedoch nicht ermittelt werden konnte. Um eine Aufführung innerhalb der *Akademien* des Orchesters des Hof- und Nationaltheaters handelte es sich jedenfalls nicht.

18: Bülow] Hans von B. (1830-1894), Pianist, Komponist, Dirigent, Schüler Wagners, leitete die Uraufführungen von *Tristan und Isolde* 1865 und von *Die Meistersinger von Nürnberg* 1868 in München. Das Datum der Aufführung der Egmont-Ouvertüre unter Bülow konnte nicht ermittelt werden. Um eine Aufführung innerhalb der *Akademien* des Orchesters des Hof- und Nationaltheaters handelte es sich jedenfalls nicht.

18-19: des gefeierten älteren Dirigenten] Franz Lachner.

es auch nur andeutungsweise, durch strafferes Anhalten so weit modifizirt wird, daß das Orchester die nöthige Besinnung zur Accentuation dieser, zwischen großer Energie und sinnigem Wohlgefühle schnell wechselnden, thematischen Kombination gewinnen kann. Da gegen das Ende des 3/4 Taktes diese Kombination eine breitere Behandlung und entscheidende Wichtigkeit erhält, kann es nicht fehlen, daß einzig durch die Beachtung dieser nöthigen Modifikation der ganzen Ouvertüre ein neues, und zwar das richtige Verständniß zugeführt wird. – Von dem Eindrucke dieser korrekt geleiteten Aufführung erfuhr ich nur, daß die Hoftheater-Intendanz vermeinte, es sei „umgeworfen“ worden!

Dergleichen Vermuthungen kamen allerdings dem Auditorium der berühmten Münchener Odeonkonzerte nicht an, als ich mitten unter ihm einst einer Aufführung der G-moll-Symphonie von Mozart, von jenem altgewohnten klassischen Dirigenten geleitet, beiwohnte. Hier nämlich erlebte ich an dem Vortrage des ANDANTE dieser Symphonie, und an dessen Erfolge, etwas immerhin von mir noch für unmöglich Gehaltenes. Wer hat sich nicht in seiner Jugend dieses ahnungsvoll schwebende Tonstück mit schwärmerischem Behagen in seiner Weise zu eigen zu machen gesucht? In welcher Weise? Gleichviel! Reichen die Vortragszeichen nicht aus, so tritt das von dem wundervollen Gange dieser Komposition erregte Gefühl dafür ein, und die Phantasie räth uns, wie wir im wirklichen Vortrage diesem Gefühle entsprechen mögen. Da dünkt es denn, daß der Meister uns dieß fast ganz frei hat überlassen wollen, denn nur mit den dürftigsten Vortragszeichen tritt er uns bindend entgegen. So waren wir frei, schwelgten in den ahnungsvollen Schauern der weich anschwellenden Achtelbewegung, schwärmten mit der mondscheinartig aufsteigenden Violine:

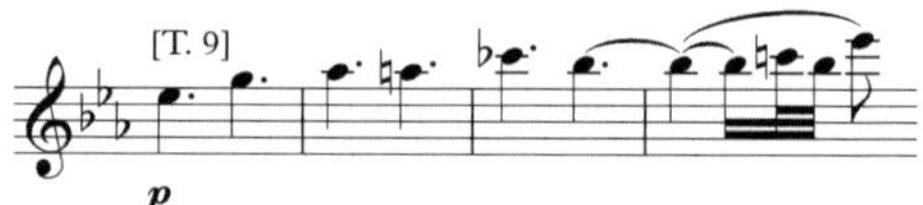

deren Noten wir uns allerdings weich gebunden dachten; wir fühlten uns von den zartflüsternden

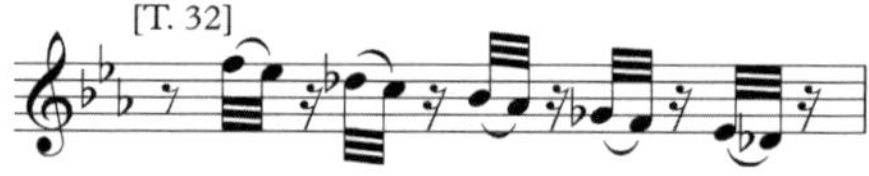

16: ahnungsvoll] schwungvoll D_1 D_2 D_3.

26: deren Noten wir uns allerdings weich gebunden dachten] Was Wagner hier meint, ist nicht klar; denn Mozart schreibt für die Noten einen Legatobogen vor. Möglicherweise ging Wagner diese Vorschrift nicht weit genug. Vielleicht aber lag ihm auch eine inkorrekte Edition vor, oder er erinnerte sich falsch.

weich] zart A_1 *ursprünglich* zart A_2.

wie von Engelsflügeln angeweht, und erstarben vor den schicksalsschweren Mahnungen der fragenden

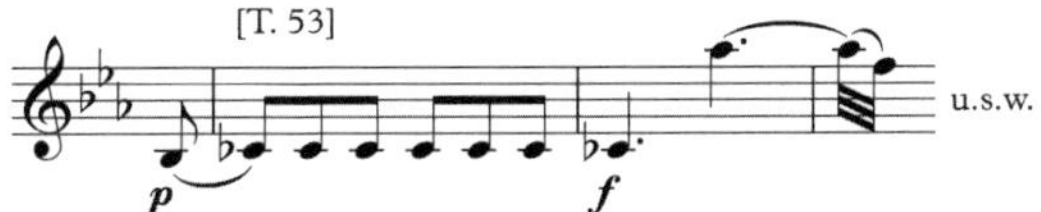

(welche wir uns allerdings in einem schön getragenen Crescendo vorgeführt dachten) zu dem endlichen Bekenntnisse der Seligkeit eines Todes durch Liebe, der mit den letzten Takten uns freundlich umschließend aufnahm. – Derlei Phantasien hatten nun allerdings vor einer wahrhaft klassisch strikten Ausführung dieses Satzes durch einen berühmten Altmeister im Münchener Odeon zu verschwinden: da ging es mit einem Ernste her, daß einem die Haut schauderte, ungefähr wie kurz vor der ewigen Verdammniß. Vor Allem ward das leicht schwebende Andante zum ehernen Largo, und von dem Werthe keines Achtels ward uns auch nur ein Hunderttheilchen je erlassen; steif und gräßlich, wie ein eherner Zopf, schwang sich die Battuta dieses Andante's über unseren Häuptern dahin, und selbst die Federn der Engelsflügel wurden zu festgewichsten Drahtlocken aus dem siebenjährigen Kriege. Da ich mir schon wie unter das Rekrutenmaaß der preußischen Garde von 1740 gestellt vorkam und ängstlich nach Loskauf verlangte, wer ermißt meinen Schrecken, als der Altmeister das Blatt zurückschlägt, und richtig den ersten Theil des larghettisirten Andante's noch einmal spielen läßt, bloß aus dem Grunde, weil er die herkömmlichen zwei Pünktchen vor dem einen Doppelstriche nicht umsonst in der Partitur gestochen wissen wollte. Ich blickte mich nach Hilfe um; da gewahrte ich aber das zweite Wunder: – Alles hörte geduldig zu, fand, was da vorging, in schönster Ordnung, und war schließlich überzeugt, einen reinen, jedenfalls recht unverdächtigen Hochgenuß gehabt zu haben, so einen ächt Mozart'schen „Ohrenschmauß". – Da senkte ich denn mein Haupt, und schwieg.

13-14: festgewichsten Drahtlocken] Ob es sich dabei um eine stehende Sprachwendung handelt, konnte nicht ermittelt werden. Gewiss ist aber, dass damit auf die gekünstelte Mode des 18. Jahrhunderts angespielt werden soll. Die „Drahtlocken" sind ein Symbol für Steifheit, für Lebens- und Naturferne.

14: siebenjährigen Kriege] Der Krieg zwischen Österreich und Preußen von 1756 bis 1763.

14-15: das Rekrutenmaaß der preußischen Garde von 1740] Die Formulierung ist insofern dubios und widersprüchlich, als die Anspielung auf die Garde der berühmten „langen Kerls" des Königs Friedrich Wilhelm I. von Preußen mit der Jahreszahl 1740 nicht zusammenstimmt. In diesem Jahr nämlich starb der König; dass aber sein Sohn und Nachfolger, Friedrich II., der Große, an die Garde vergleichbare Anforderungen gestellt hätte, ist nicht bekannt.

15: 1740] Anno 1740 A_1 A_2.

Nur einmal ging mir späterhin die Geduld ein wenig aus. In einer Probe meines „Tannhäuser“ hatte ich mir verschiedenerlei, auch das klerikale Tempo meines ritterlichen Marsches im zweiten Akte, ruhig gefallen lassen. Nun fand es sich aber, daß der unzweifelhafte Altmeister es nicht einmal verstand, den 4/4 Takt in den entsprechenden 6/4, also zwei Viertel in die Triole aufzulösen. Dieß zeigte sich in der Erzählung des Tannhäuser, wo für den 4/4:

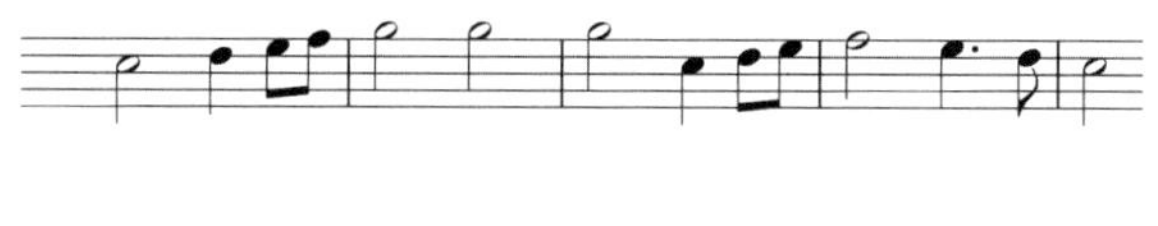

der 6/4:

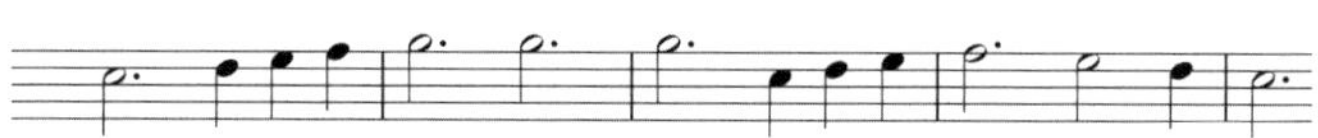

eintritt. Diese Auflösung zu taktiren fiel dem Altmeister schwer: im 4/4 die vier Theile winkelrecht auszuschlagen, ist er zwar allerernstlichst gewöhnt; der 6/4 Takt wird von dieser Art Dirigenten aber immer nach dem Schema des 6/8 Taktes behandelt, und als solcher ALLA BREVE, mit Eins – Zwei geschlagen (nur in jenem Andante der G-moll-Symphonie erlebte ich die richtig mit 1, 2, 3 – 4, 5, 6 gravitätisch ausgeschlagenen Bruchtheile dieser Taktart). Für meine arme Erzählung mit dem römischen Papste behalf der Dirigent sich jedoch, wie gesagt, mit einem zagenden ALLA-BREVE, gleichsam um es den Orchestermusikern zu überlassen, was sie von den Vierteln halten wollten; hieraus resultirte denn, daß das Tempo gerade um einmal zu schnell genommen wurde, nämlich anstatt des oben bezeichneten Verhältnisses kam die Sache jetzt so heraus:

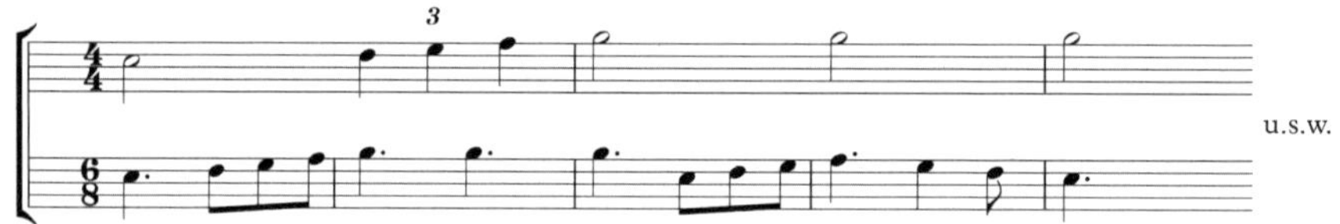

Dieß war nun musikalisch recht interessant, nur nöthigte es den armen Sänger des „Tannhäuser“ seine schmerzlichen Erinnerungen von Rom in einem höchst leichtfertigen, ja lustig hüpfenden Walzerrhythmus zum Besten zu geben, – was

---

1-2: Probe meines „Tannhäuser“] Gemeint ist vermutlich die Probe am 4. März 1865; vgl. dazu RWSW 25, Nr. 419, S. 287.

2: klerikale] priesterliche A_1.

3: ritterlichen Marsches im zweiten Akte] *Tannhäuser* 2. Akt 4. Szene Takt 1-211.

6: Erzählung des Tannhäuser] *Tannhäuser* 3. Akt, 3. Szene „Inbrunst im Herzen“ Takt 101ff.

mich wieder an die Erzählung Lohengrin's vom Gral erinnerte, welche ich in Wiesbaden SCHERZANDO (als gälte sie der Fee Mab) rezitirt gehört habe. Da ich nun dießmal einen so herrlichen Darsteller, wie L. Schnorr, für den Tannhäuser mir zur Seite hatte, mußte ich denn, um der ewigen Gerechtigkeit willen das rechte Tempo herzustellen, gegen einen Altmeister einmal respektvollst einschreiten, was einiges Ärgerniß verursachte. Ich glaube, es führte mit der Zeit sogar zu Martyrien, welche selbst ein kaltblütiger Evangelienkritiker mit zwei Sonetten zu besingen sich gedrungen fühlte. Es giebt jetzt nämlich wirklich besungene Märtyrer der reinen klassischen Musik, welchen etwas näher nachzusehen ich mit dem Folgenden mir erlauben werde. –

1: Erzählung Lohengrin's vom Gral] *Lohengrin* 3. Akt, 3. Szene „In fernem Land, unnahbar euren Schritten" Takt 1219ff.

2: Wiesbaden] Gemeint ist die Aufführung vom 3. August 1862 (vgl. SBr 14, S. 578f. und ML 708).

Mab] launische Fee, berühmt durch Shakespeares *Romeo and Juliet* (Schilderung Mercutios in Akt I, Szene 4). Wagner könnte, da es sich an dieser Stelle um einen musikalischen Zusammenhang handelt, sich aber auch auf Hector Berlioz' und dessen Symphonie dramatique gleichen Namens beziehen, die als 4. Satz ein Scherzo mit dem Titel „La reine Mab, ou la fée des songes" enthält.

3: L. Schnorr] Ludwig Schnorr von Carolsfeld (1836-1865), Tenorist, sang bei der Uraufführung von *Tristan und Isolde* 1865 in München die männliche Titelpartie. Er verkörperte neben Wilhelmine Schröder-Devrient Wagners Ideal des dramatischen Sängers oder singenden Darstellers.

5: einen] meinen D_1 D_2 D_3. Altmeister] Gemeint ist Franz Lachner.

7: Evangelienkritiker] Bibelkritiker A_1 A_2.
David Friedrich Strauß (1808-1874), Theologe, veröffentlichte 1835 die Schrift *Das Leben Jesu, kritisch bearbeitet*, die den Weg für die historisch-philologische Bibelkritik bereitete.

7-8: zwei Sonetten] Wo und wann diese Sonette publiziert wurden, konnte nicht ermittelt werden. Wagner reagierte darauf seinerseits mit drei Sonetten, die er unter der Überschrift „An David Strauss" am 11. und 12. März 1868 im sogenannten Braunen Buch notierte (BB, S. 149ff.; siehe auch SSD XII, S. 371f.). Strauß' Sonette dürften kurz zuvor erschienen sein. Bestätigt wird die Vermutung durch den Abdruck eines Sonetts in der Ausgabe von Strauß' Schriften. Es lautet:

An Franz Lachner.

Den Stab, den lange ruhmvoll du geschwungen,
Mit dem, ein Feldherr, du gebot'st den Tönen,
Ihn hat, geschickt im Wühlen, keck im Höhnen,
Dir schnöder Undank aus der Hand gerungen.

Wie ich dieß mit dem Vorangehenden bereits öfter berührte, sind Versuche zur Modifikation des Tempo's zu Gunsten des Vortrages klassischer, namentlich Beethoven'scher Tonstücke von dem Dirigenten-Gremium unserer Zeit immer mit Widerwillen aufgenommen worden. Ich wies ausführlicher nach, daß einseitige Modifikation des Zeitmaaßes, ohne entsprechende Modifikation des Vortrages im Betreff der Tongebung selbst, ein anscheinendes Recht zu Einsprüchen gäbe, wogegen ich den hier tiefer zu Grunde liegenden Fehler ebenfalls aufdeckte, somit diesen Einsprüchen keinen anderen Grund als den der Unfähigkeit und Unberufenheit unserer Dirigenten im Allgemeinen übrig ließ. Ein wirklich giltiger Grund zur Abmahnung von dem mir unerläßlich dünkenden Verfahren in jenen bezeichneten Fällen ist allerdings wiederum der, daß jenen Tonstücken nichts schädlicher werden müßte, als willkürlich in ihren Vortrag gelegte Nüancen auch des Tempo's, wie sie sofort dem phantastischen Belieben jedes, etwa auf Effekt losarbeitenden oder von sich eingenommenen eitlen Taktschlägers Thür und Thor öffnen, und unsere klassische Musiklitteratur mit der Zeit zu gänzlicher Unkenntlichkeit entstellen würden. Hiergegen läßt sich natürlich nichts Anderes einwenden, als daß es eben traurig um unsere Musik steht, da solche Befürchtungen aufkommen können, weil damit zugleich ausgesprochen ist, daß man an eine Macht des wahren Kunstbewußtseins, an welcher jene Willkürlichkeiten sich sogleich brechen würden, in unseren gemeinsamen Kunstzuständen nicht glaubt. Somit fällt auch dieser, andererseits wohlgerechtfertigte, selten aber ehrlich gemeinte Einspruch auf das Zugeständniß einer allgemeinen Unfähigkeit unseres musikalischen Dirigentenwesens zurück: denn, wenn es den Stümpern nicht erlaubt sein soll, mit unserer klassischen Musik willkürlich zu verfahren, warum haben dagegen unsere vorzüglichsten und angesehensten Musiker nicht für das Rechte gesorgt, und warum haben gerade sie den Vortrag die-

---

Vom hohen Geiste deiner Kunst durchdrungen,
Nahmst du als Ziel dir vor, zum ächten Schönen
Die Sinne wie die Herzen zu gewöhnen:
Und dieses Lebenswerk ist dir gelungen.

Abwehrtest du mit Ernst die trüben Wasser
Der Modekunst, den Schwarm der wirren Geister,
Die uns das Chaos gerne wiederbrächten.

Das schuf dir manchen Neider, manchen Hasser,
Doch eilt die Muse dir dafür, o Meister,
Den vollen Lorbeer in das Haar zu flechten.

1868.

(David Friedrich Strauß, *Gesammelte Schriften*, Bd. 12, *Poetisches Gedenkbuch. Gedichte aus dem Nachlasse.* Eingeleitet von Eduard Zeller, Bonn 1877, S. 164).

1: *Beginn der 6. Fortsetzung* A_1 A_2 D_1.

7: gäbe] zu geben scheine A_1 gebe A_2 D_1.

ser klassischen Musik in eine solche Bahn der Trivialität und wirklichen Entstellung geleitet, daß mit Recht jeder lebhaft empfindende Musiker sich davon unbefriedigt, ja angewidert fühlen muß?

So kommt es denn auch, daß jener an sich berechtigte Einspruch meistens nur als Vorwand zu jeder Opposition gegen jede Bemühung in dem von mir gemeinten Sinne gebraucht wird, und der Grund wie die Absicht hiervon bleiben immer nur die eigene Unfähigkeit und geistige Trägheit, welche unter Umständen bis zur Aggressivität sich erhitzen, da die Unfähigen und Trägen eben in immenser Majorität sind.

Da nun die meisten klassischen Werke stets nur in höchst unvollkommener Weise bei uns zuerst eingeführt worden sind (man denke nur an die Berichte über die Umstände, unter welchen Beethoven's schwierigste Symphonien zur ersten Aufführung gelangten!), Vieles auch sofort nur gänzlich entstellt vor das deutsche Publikum gebracht wurde (man vergleiche hierüber meine Abhandlung über Gluck's Ouvertüre zu „Iphigenia in Aulis“ im fünften Bande dieser gesammelten Schriften und Dichtungen), so muß man sich jetzt deutlich machen, welches der Zustand des Vortrages nur sein kann, in welchem diese Werke uns unter dem Gesetze jener Unfähigkeit und Trägheit eifrigst konservirt werden, wenn man andererseits rücksichtslos erwägt, in welchem Sinne selbst ein Meister wie Mendelssohn sich mit der Leitung dieser Werke befaßte! Gewiß ist nun von bei weitem untergeordneteren musikalischen Größen nicht zu verlangen, daß sie von selbst zu einem Verständnisse kommen sollten, welches ihrem eigentlichen Meister nicht aufging; denn für Minderbefähigte giebt es nur einen Wegweiser zum Erfassen des Richtigen, – das Beispiel. Auf dieses konnten sie auf dem von ihnen eingeschlagenen Wege nicht treffen. Das Trostlose ist nun aber, daß dieser führerlose Weg zu einer solchen Breite ausgetreten worden ist, daß nirgends mehr Raum für Denjenigen übrig geblieben, der das Beispiel etwa einmal geben könnte. Und deßwegen unterwerfe ich hier diese

---

1: solche Bahn] Bahn A_1 A_2 D_1.

11-13: Berichte über die Umstände, unter welchen Beethoven's schwierigste Symphonien zur ersten Aufführung gelangten] Wagner konnte solche Berichte, beispielsweise über die ersten Aufführungen der Symphonien III, V und VI, aus der Beethoven-Biographie von Anton Schindler kennen (Schindler 1860, I, S. 144-149).

14-15: Abhandlung über Gluck's Ouvertüre zu „Iphigenia in Aulis“] Genauer Titel: *Gluck's Ouvertüre zu „Iphigenia in Aulis“. Eine Mittheilung an den Redacteur der „Neuen Zeitschrift für Musik“*, in: NZfM 41 (1854), S. 1-6; siehe auch GSD V, S. 143-158; SSD V, S. 111-122.

15: zu] z. A_1 zur A_2.

15-16: im fünften Bande dieser gesammelten Schriften und Dichtungen] in einem der früheren Jahrgänge dieser Blätter! A_1 A_2 D_1 in einem der früheren Jahrgänge der „Neuen Zeitschrift für Musik“ D_2 vgl. den *allgemeinen Kommentar.*

23: aufging;] aufging: A_1 A_2.

pietistische Abwehr desjenigen Geistes, den ich als den richtigen für den Vortrag unserer großen Musik bezeichnet habe, einer schärfer eingehenden Betrachtung, um den sonderbaren renitenten Geist, welcher jene Abwehr eingiebt, in seiner wirklichen Armseligkeit aufzudecken, und vor Allem ihm den Heiligenschein zu benehmen, mit welchem er sich als keuscher deutscher Kunstgeist zu schmücken herausnimmt. Denn dieser Geist ist es, welcher jeden freien Aufschwung unseres Musikwesens hemmt, jeden frischen Luftzug von seiner Atmosphäre ferne hält, und mit der Zeit wirklich die glorreiche deutsche Musik zu einem farblosen, ja lächerlichen Gespenst verwischen kann.

Es erscheint mir nun wichtig, diesem Geiste nahe in die Augen zu sehen, und ihm auf den Kopf zu zu sagen, woher er stamme, – nämlich ganz gewiß nicht aus dem Geiste der deutschen Musik. Diesem näher nachzuforschen wird hier nicht nöthig sein. Den positiven Werth der neueren, d. h. Beethoven'schen, Musik abzuwägen, ist nicht so leicht, denn er wiegt schwer, und zu einem Versuche hierzu haben wir gute Stunden und bessere Tage abzuwarten, als unser heutiges Musikwesen sie uns bereitet; dagegen möge es uns für jetzt als Studie hierzu gelten, daß wir den negativen Beweis für jenen Werth an dem Unwerth derjenigen Musikmacherei nachweisen, welche sich gegenwärtig als klassisch und beethovenisch gebahrt. –

Es ist nun zunächst zu beachten, daß die von mir näher bezeichnete Opposition, während sie nur durch gänzlich ungebildete Scribenten in der Presse sich wirklich laut, ja lärmend benimmt, bei ihren eigentlichen unmittelbaren Theilhabern mehr verbissen und wortscheu sich äußert. („Sehen Sie, er kann sich nicht aussprechen" – sagte mir, mit bedeutungsvoll sinnigem Blicke, einmal eine Dame von solch' einem sittigen Musiker.) Das Schicksal der deutschen Musikzustände, die gänzliche Achtlosigkeit der deutschen Kunstbehörden, hat Jenen nun einmal die Führung der höheren deutschen Musikgeschäfte in die Hände gespielt: sie fühlen sich sicher in Amt und Würden. – Wie ich vom Anfang herein es beachten ließ, besteht dieser Areopag aus zwei grundverschiedenen Geschlechtern: dem der verkommenden deutschen Musikanten alten Styles, welche besonders im naiveren Süddeutschland sich länger in Ansehen erhielten, und

11: er] es D_1.

29: Areopag] musikalische Areopag A_1 A_2 D_1.

31- S. 55, 2: Süddeutschland [...] Norddeutschland] Der Gegensatz bestand tatsächlich. Heinrich Esser (vgl. oben S. 3, 4) schrieb am 5. Dezember 1864 nach der Aufführung seiner nach dem Vorbild Franz Lachners komponierten Orchestersuite in Wien an den Mainzer Verleger Franz Schott: „Ich kann Ihnen gestehen, daß ich auf diesen Erfolg im philharmonischen Conzerte ziemlich stolz bin, da ich meine Absicht, dem Publicum durch die That zu beweisen, daß die süddeutsche Compositionsschule denn doch noch ein Werk hervorbringen kann, welches mit den norddeutschen zu concuriren vermag, vollständig erreicht zu haben glaube. Mein Freund Franz Lachner und ich, wir Beide zusammen haben in der vergangenen Woche einen vollständigen Sieg erkämpft." (Stadtarchiv Mainz). Vgl. oben S. 31, 3.

dem der dagegen aufgekommenen eleganten Musiker neueren Styles, wie sie namentlich in Norddeutschland aus der Schule Mendelssohn's hervorgingen. Gewissen Störungen ihres gedeihlichen Geschäftes, welche sich von neuester Zeit datiren, ist es zu verdanken, daß diese beiden Gattungen, welche sonst nicht viel von einander hielten, sich zu gegenseitiger Anerkennung vereinigt haben, und in Süddeutschland die Mendelssohn'sche Schule, mit dem was dazu gerechnet wird, schließlich nicht minder goutirt und protegirt wird, als in Norddeutschland der Prototyp der süddeutschen Unproduktivität mit plötzlich empfundener Hochachtung bewillkommnet wird, was der selige Lindpaintner leider nicht mehr erlebt hat. Beide reichen sich so zur Versicherung ihrer Ruhe die Hände. Vielleicht hatte die erstere Gattung, die des von mir gemeinten eigentlichen deutschen Musikanten, bei dieser Allianz einen gewissen inneren Widerwillen zu überwinden: doch hilft ihr eine nicht vorzüglich löbliche Eigenschaft der Deutschen aus der Verlegenheit, nämlich die mit der Unbeholfenheit verbundene Scheelsucht. Diese Eigenschaft verdarb bereits einen der bedeutendsten Musiker der neueren Zeit (wie ich dieß anderswo nachgewiesen habe) bis zur Verläugnung seiner eigenen Natur, bis zur Unterwürfigkeit unter das deutschverderbliche neue Gesetz der eleganten zweiten Gattung. Was die Opposition der untergeordneteren handwerkerlichen Naturen betraf, so hatte sie nicht viel Anderes zu sagen, als: wir können nicht mit fort, wir wollen daß Andere auch nicht fort können, und ärgern uns, wenn diese doch fort können. Hier ist Alles ehrliche Bornirtheit, die nur aus Ärger unehrlich wird.

Anders verhält es sich dagegen im neueren Lager, wo die seltsamsten Verzweigungen persönlicher, geselliger, ja nationaler Interessen die allerkombinirtesten Verhaltungs-Maximen an die Hand gegeben haben. Ohne auf die Bezeichnung dieser mannigfaltigen Interessen hier einzugehen, hebe ich nur dieses Hauptsächlichste hervor, daß hier Vieles zu verbergen, Vieles nicht merken zu lassen ist. In einem gewissen Sinne liegt hier sogar daran, an sich den „Musiker" nicht eigentlich auffällig werden zu lassen: und dieß hat seinen Grund.

3-4: Störungen ihres gedeihlichen Geschäftes, welche sich von neuester Zeit datieren] Was hier konkret gemeint ist, konnte nicht ermittelt werden.

9: Lindpaintner] Peter Joseph von L. (1791-1856), Komponist, Dirigent, von 1819 bis 1856 Hofkapellmeister in Stuttgart.

15-16: einen der bedeutendsten Musiker der neueren Zeit] Robert Schumann.

16: wie ich dieß anderswo nachgewiesen habe] in: *Judenthum* 1869, S. 51f.; siehe auch GSD VIII, S. 317f.; SSD VIII, S. 255f.; Fischer 2000, S. 190ff.

18: Gesetz der] Gesetz der – A_1 A_2 D_1.

19: handwerkerlichen] handwerklichen A_2 D_1.

21: diese doch] die doch A_1 A_2 D_1. können.] können! A_2.

Mit dem rechten deutschen Musiker war ursprünglich schwer zu verkehren. Wie in Frankreich und England, war der Musiker auch in Deutschland von je in sehr vernachlässigter, ja verachteter sozialer Stellung; hier wurden von den Fürsten und Vornehmen fast nur italienische Musiker für Menschen gehalten, und in wie demüthigender Weise sie den deutschen vorgezogen wurden, können wir unter anderem an Mozart's Behandlung von Seiten des kaiserlichen Hofes in Wien uns abnehmen. Bei uns blieb der Musiker immer nur ein eigenthümliches, halb wildes, halb kindisches Wesen, und als solches ward er von seinen Lohngebern gehalten. Unsere größten musikalischen Genie's trugen für ihre Bildung die Merkmale dieser Ausscheidung aus der feineren, oder auch geistreicheren Gesellschaft an sich: man denke nur an Beethoven in seinem Verkehre mit Goethe in Teplitz. Bei dem eigentlichen Musiker setzte man eine der höheren Bildung durchaus unzugängliche Organisation voraus. H. Marschner, da er mich 1848 in lebhaftesten Bemühungen für die Hebung des Geistes in der Dresdener Kapelle begriffen sah, mahnte mich einmal fürsorglich hiervon ab, und meinte, ich sollte doch nur bedenken, daß der Musiker ja rein unfähig wäre mich zu

---

6-7: Mozart's Behandlung von Seiten des kaiserlichen Hofes in Wien] Gemeint ist, dass nach dem Tod Joseph Bonnos 1788 nicht Mozart, sondern Antonio Salieri Hofkapellmeister wurde.

8: er] es D_1.

11-12: Beethoven in seinem Verkehre mit Goethe in Teplitz] Wagner bezieht sich hier wahrscheinlich auf die berühmte Anekdote, nach welcher Beethoven und Goethe bei ihrem Zusammentreffen in Teplitz im Jahre 1812 bei einem Spaziergang der kaiserlichen Familie begegneten, Goethe beiseite trat und den Hut zog, Beethoven jedoch „mit untergeschlagenen Armen mitten durch den dicksten Haufen" ging. Die Anekdote steht in einem an Bettina von Arnim gerichteten Brief Beethovens, von dem man jedoch inzwischen weiß, dass es sich dabei um ein Phantasieprodukt der Dichterin handelt, um nicht zu sagen, um eine Fälschung. Wagners Quelle könnte die Beethoven-Biograhie von Anton Schindler gewesen sein, die Bettinas vermeintliche Briefe Beethovens an sie enthält (Schindler 1860, II, S. 349ff., das Zitat auf S. 350). Vgl. Beethovens Brief an Breitkof & Härtel vom 9. August 1812 (Beethoven, *Briefwechsel*, S. 287) und Goethes Briefe an Christiane von Goethe vom 19. Juli 1812 und an Carl Friedrich Zelter vom 2. September 1812 (Johann Wolfgang von Goethe, *Briefe*, Bd. 3, textkritisch durchgesehen und mit Anmerkungen versehen von Bodo Morawe, München 1988, S. 195 und 200).

12: Teplitz.] Teplitz! A_1 A_2 D_1.

13: H. Marschner] Heinrich M. (1795-1861), Komponist, dessen Oper *Adolf von Nassau* Wagner am 5. Januar 1845 in Dresden herausbrachte.

14: 1848] 1849 A_1. lebhaftesten] lebhaften A_1 A_2 D_1.

14-15: in lebhaftesten Bemühungen für die Hebung des Geistes in der Dresdener Kapelle begriffen] Wagner verfasste Anfang Mai 1848 einen *Entwurf zur Organisation eines deutschen National-Theaters für das Königreich Sachsen* (GSD II, S. 307-359; SSD II, S. 233-273).

verstehen. – Gewiß ist nun, daß (worauf ich schon anfänglich hinwies) auch die höheren und höchsten musikalischen Posten bei uns allermeistens nur durch von unten aufgerückte eigentliche „Musiker“ eingenommen worden sind, was in einem guten handwerkerlichen Sinne manches Vortreffliche mit sich brachte. Es bildete sich ein gewisses Familienwesen in solch’ einem Orchester-Patriarchat aus, dem es nicht an Innigkeit, sondern wohl nur an dem zu rechter Zeit einmal frei eindringenden Luftzuge eines genialen Anhauches fehlte, welcher dann schnell ein schönes, wenn auch mehr wärmendes als leuchtendes Feuer dem eigenthümlich intelligenten Herzen eines solchen Körpers entfachen konnte.

Wie nun aber z. B. den Juden unser Gewerkwesen fremd geblieben ist, so wuchsen auch unsere neueren Musikdirigenten nicht aus dem musikalischen Handwerkerstande auf, der ihnen, schon der strengen wirklichen Arbeit wegen, widerwärtig war. Dagegen pflanzte sich dieser neue Dirigent sogleich auf der Spitze des musikalischen Innungswesens, etwa wie der Banquier auf unserer gewerkthätigen Sozietät, auf. Hierfür mußte er sofort Eines mitbringen, was dem von unten auf gedienten Musiker eben abging, oder von ihm doch nur äußerst schwer, und selten genügend zu gewinnen war: wie der Banquier das Kapital, so brachte dieser die *Gebildetheit* mit. Ich sage: Gebildetheit, nicht *Bildung*; denn wer diese wahrhaft besitzt, über den ist nicht zu spotten: er ist Allen überlegen. Der Besitzer der Gebildetheit aber läßt über sich reden.

Mir ist nun kein Fall bekannt geworden, in welchem selbst bei der glücklichsten Pflege dieser Gebildetheit hier der Erfolg einer wahren Bildung, nämlich wahre Geistesfreiheit, Freiheit überhaupt, zum Vorschein gekommen wäre. Selbst Mendelssohn, bei so mannigfachen und mit ernstlicher Sorgfalt gepflegten Anlagen, ließ deutlich an sich erkennen, daß er zu jener Freiheit nie gelangte, und jene eigenthümliche Befangenheit nie überwand, welche für den ernsten Betrachter ihn, trotz aller verdienten Erfolge, außerhalb unseres deutschen Kunstwesens erhielt, ja vielleicht in ihm selbst zu einer nagenden, sein Leben so unbegreiflich früh verzehrenden Pein ward. Der Grund hiervon ist eben dieser, daß dem ganzen Motive eines solchen Bildungsdranges keine Unbefangenheit innewohnt, wogegen dieses mehr in der Nöthigung, vom eigenen Wesen etwas zu verdecken, als in dem Triebe, dieses selbst frei zu entfalten, beruht. Die Bildung, welche hieraus hervorgeht, kann daher nur eine unwahre, eine eigentliche Afterbildung sein: hier kann in einzelnen Richtungen die Intelligenz sehr geschärft werden; Das, worin alle Richtungen zusammentreffen, kann aber nie die wahre, rein sehende Intelligenz selbst sein. – Wenn es nun fast tief bekümmert,

---

14-15: unserer gewerkthätigen] unsre gewerkthätige A_1 A_2 D_1.

19: nicht] nicht mehr A_1 A_2.

23: gekommen wäre] kam A_1 A_2 D_1.

24: ernstlicher] wahrhaft gediegener A_1.

28: in ihm selbst] in ihm A_1 A_2 D_1.

diesen inneren Vorgang an einem besonders begabten und zart organisirten Individuum zu verfolgen, so widert es uns dagegen bald an, bei geringeren und trivialeren Naturen dem Verlaufe und Ergebnisse desselben nachzugehen. Hier lächelt uns bald Alles platt und nichtig an, und haben wir nicht Lust, dieses Grinsen der Gebildetheit wiederum zu belächeln, wie die meisten unseren Kulturzuständen oberflächlich Zusehenden sie einzig zu empfinden pflegen, so gerathen wir über diesen Anblick wohl in wirklichen Unmuth. Und hierzu hat der deutsche Musiker ernstliche Veranlassung, wenn er heut' zu Tage gewahren muß, daß diese nichtige Gebildetheit sich auch ein Urtheil über den Geist und die Bedeutung unserer herrlichen Musik anmaaßen will.

Im Allgemeinen ist es ein Hauptcharakterzug dieser Gebildetheit, bei nichts stark zu verweilen, sich in nichts tief zu versenken, oder auch, wie man sich ausdrückt, von nichts viel Wesens zu machen. Dabei wird das Größte, Erhabenste und Innigste für etwas recht Natürliches, ganz „Selbstverständliches", zu jeder Zeit Allen zu Gebote Stehendes ausgegeben, davon Alles zu erlernen, auch wohl nachzumachen sei. Bei dem Ungeheuren, Göttlichen und Dämonischen, ist daher nicht zu verweilen, schon weil an ihm etwas Nachzuahmendes eben durchaus nicht aufzufinden glückt, weßhalb es dieser Gebildetheit geläufig ist, z. B. von Auswüchsen, Übertreibungen u. dergl. zu reden, woraus dann wieder eine neue Ästhetik hervorgegangen, welche vor Allem sich an Goethe zu lehnen vorgiebt, weil dieser ja auch allen Ungeheuerlichkeiten abhold gewesen wäre, und dafür so eine schöne, ruhige Klarheit erfunden habe. Da wird denn die „Harmlosigkeit" der Kunst gepriesen, der hier und da zu heftige Schiller aber einigermaaßen verächtlich behandelt, und so, in kluger Übereinstimmung mit dem Philister unserer Zeit, ein ganz neuer Begriff von Klassizität gebildet, zu welchem in weiteren Kunstgebieten endlich auch die Griechen herbeigezogen werden, bei denen ja klare, durchsichtige Heiterkeit so recht zu Hause war. Und diese seichte Abfindung mit allem Ernsten und Furchtbaren des Daseins wird zu einem völligen System neuester Weltanschauung erhoben, in welchem schließlich auch unsere gebildeten neuen Musikheroen ihren ganz unbestrittenen, behaglichen Ehrenplatz finden.

Wie diese sich mit unseren großen deutschen Tonwerken abfanden, wies ich an einigen beredten Beispielen nach. Hier ist nur noch zu erklären, was es mit diesem, von Mendelssohn so dringend empfohlenen „Darüberhinweggehen" für einen heiteren griechischen Sinn hatte. An seinen Anhängern und Nachfolgern ist dieß am deutlichsten nachzuweisen. Bei Mendelssohn hieß es: die unvermeidlichen Schwächen der Ausführung, unter Umständen vielleicht auch des Auszuführenden, verbergen; bei Jenen kommt nun aber noch das ganz besondere

---

20: neue] neue Art von A_2 D_1 neue Art A_1.

28: war] sei A_1 *ursprünglich* sei A_2.

Motiv ihrer Gebildetheit hinzu, nämlich: überhaupt zu verdecken, kein Aufsehen zu machen. Dieß hat nun einen fast rein physiologischen Grund, welcher mir aus einem scheinbar hiervon abliegenden Erlebnisse auf analogische Weise recht klar wurde. Für die Aufführung meines „Tannhäuser“ in Paris hatte ich die erste Scene im Venusberg neu bearbeitet, und das hierfür früher nur flüchtig Angedeutete nach breiterer Anlage ausgeführt: den Balletmeister wies ich nun darauf hin, wie die jämmerlich gehüpften kleinen PAS seiner Mänaden und Bacchantinnen sehr läppisch zu meiner Musik kontrastirten, und wie ich dagegen verlange, daß er hierfür etwas dem auf berühmten antiken Reliefs dargestellten Gruppen der Bacchantenzüge Entsprechendes, Kühnes und wild Erhabenes erfinden, und von seinem Corps ausführen lassen solle. Da pfiff der Mann durch die Finger und sagte mir: „Ah, ich verstehe Sie sehr wohl, aber dazu bedürfte ich lauter erster Süjets; wenn ich diesen meinen Leuten ein Wort hiervon sagen, und ihnen die von Ihnen gemeinte Attitüde angeben wollte, auf der Stelle hätten wir den ‚Cancan‘, und wären verloren“. – Ganz das gleiche Gefühl, welches meinen Pariser Balletmeister zur Einhaltung des allernichtssagendsten Tanzpas seiner Mänaden und Bacchantinnen bestimmte, verbietet nun unseren eleganten Musikführern neuen Styles, sich selbst irgendwie den Zügel ihrer Gebildetheit schießen zu lassen: sie wissen, daß das bis zum Offenbach'schen Skandal führen kann. Ein warnendes Beispiel für sie war hierin Meyerbeer, der durch die Pariser Oper bereits in so bedenklicher Weise zu gewissen semitischen Accentuationen in der Musik verleitet worden war, daß die „Gebildeten“ einen Schreck davor bekamen.

4: Für die Aufführung meines „Tannhäuser“ in Paris] Die Aufführung fand am 13. März 1861 in der Großen Oper statt.

4-5: die erste Scene im Venusberg neu bearbeitet] Gemeint ist das sogenannte Bacchanale.

6: Balletmeister] Lucien Petipa (1815-1898).

7: gehüpften] hüpfenden A_1 A_2 D_1.

15: ‚Cancan‘] Dieser französische Gesellschaftstanz galt dem Bürgertum, insbesondere in Deutschland, als zumindest anrüchig und in den Ausgestaltungen, die er beispielsweise in den Bühnenwerken Jacques Offenbachs erfuhr, geradezu als unsittlich.

21-22: gewissen semitischen Accentuationen in der Musik] In diesen vermeintlich jüdischen Eigenschaften sah der mit Wagner befreundete Musikschriftsteller Theodor Uhlig einen „hebräischen Kunstgeschmacke des Komponisten“ Meyerbeer am Werk (Fischer 2000, S. 208). Uhligs Formulierung war der Ausgangspunkt von Wagners Schrift *Das Judenthum in der Musik*.

22-23: daß die „Gebildeten“ einen Schreck davor bekamen] In *Das Judenthum in der Musik* heißt es: „Den Anhängern Mendelssohns ist jener famose Opernkomponist [Meyerbeer] ein Gräuel: sie empfinden mit feinem Ehrgefühle, wie sehr er das Judenthum dem gebildeteren Musiker gegenüber compromittirt“ (*Judenthum* 1869, S. 30; GSD V, S. 105; SSD V, S. 83; Fischer 2000, S. 170).

Ein großer Theil ihrer Bildung bestand seither eben darin, auf ihr Gebahren mit der Sorgfalt Acht zu haben, wie der mit dem Naturfehler des Stammelns oder Lispelns Behaftete, welcher in seiner Kundgebung alle Leidenschaftlichkeit vermeiden muß, um nicht etwa in das ungebührlichste Stottern oder Sprudeln zu verfallen. Dieses stete Achtaufsichhaben hat nun gewiß den sehr angenehmen Erfolg gehabt, daß ungemein viel Widerwärtiges nicht mehr zum grellen Vorschein kam, und die allgemeine humane Mischung viel unauffälliger vor sich ging, was wiederum für uns Alle das Gute hatte, daß unser eigenes heimisches, nach vielen Seiten hin ziemlich versteiftes und dürftig entwickeltes Element manche lockernde Anregung gewann: ich erwähnte anfänglich bereits, daß bei unseren Musikern die Grobheit sich mäßigte, zierliche Ausarbeitung des Details im Vortrage u. s. w. mehr an die Tagesordnung kam. Aber etwas Anderes ist es, wenn aus dieser Nöthigung zur Zurückhaltung und Ausglättung gewisser bedenklicher persönlicher Eigenschaften ein Prinzip für die Behandlung unserer eigenen Kunst abgeleitet werden soll. Der Deutsche ist eckig und ungelenk, wenn er sich manierlich geben will: *aber er ist erhaben und Allen überlegen, wenn er in das Feuer geräth. Das* sollen wir nun Jenen zu Liebe zurückhalten?

In Wahrheit sieht es heut' zu Tage darnach aus. – Wo ich früher noch mit einem jungen Musiker, der in Mendelssohn's Nähe gekommen war, zusammentraf, wurde mir immer nur die eine vom Meister ertheilte Ermahnung berichtet, beim Komponiren ja nicht an Wirkung oder Effekt zu denken, und Alles zu vermeiden, was solchen hervorbringen könnte. Das lautete ganz schön und gut, und wirklich ist es auch allen dem Meister treu gebliebenen Schülern nie begegnet, Effekt oder Wirkung hervorzubringen. Nur schien mir dieß eine gar zu negative Lehre zu sein, und das Positive des Erlernten sich nicht sonderlich reich auszunehmen. Ich glaube, alle Lehre des Leipziger Konservatoriums ist auf diese negative Maxime begründet, und habe erfahren, daß die jungen Leute mit der in ihr enthaltenen Warnung dort völlig gequält wurden, wogegen die besten Anlagen ihnen bei den Lehrern keine Gunst gewinnen konnten, sobald sie für ihren Geschmack an der Musik zunächst nicht Allem entsagten, was nicht psalmengerecht wäre.

Zunächst, und für unsere Untersuchung am wichtigsten, äußerte sich der Erfolg dieser negativen Maxime eben im Vortrage unserer klassischen Musik. Dieser ward einzig durch die Furcht davor geleitet, etwa in das Drastische zu fallen. Ich habe bisher nichts davon erfahren können, daß namentlich diejenigen Beethoven'schen Klavierkompositionen, in denen des Meisters eigenthümlichster Styl am erkenntlichsten ausgebildet ist, von den Bekennern jener Lehre wirklich

5: Dieses stete Achtaufsichhaben] Diese stete Acht auf sich A_1 A_2 D_1.

19: früher noch] noch früher A_1 A_2.

27: Leipziger Konservatoriums] Es wurde 1843 von Mendelssohn Bartholdy gegründet.

studirt und gespielt worden sind. Lange Zeit blieb es mein sehnlicher Wunsch, Jemand anzutreffen, der mir einmal die große B-dur-Sonate [op. 106] zu Gehör bringen könnte; er wurde mir endlich erfüllt, aber allerdings aus einem ganz anderen Lager, als jenem in der Kriegszucht der Mendelssohn'schen Maxime geschulten. Von dem großen Franz Liszt wurde mir denn auch erst meine Sehnsucht, Bach zu hören, erfüllt. Gerade Bach wurde zwar mit Vorliebe auch dort kultivirt; denn hier, wo vom modernen Effekt, oder auch von Beethoven'scher Drastik gar nicht die Rede sein konnte, war die seligmachende glatte, durchaus gewürzlose Vortragsart scheinbar so recht eindringlich beizubringen. Von einem der namhaftesten älteren Musiker und Genossen Mendelssohn's (dessen ich schon bei Gelegenheit des TEMPO DI MENUETTO der achten Symphonie gedachte) erbat ich mir einmal den Vortrag des achten Präludiums mit Fuge aus dem ersten Theile des wohltemperirten Klaviers (Es-moll), weil dieses Stück mich stets so besonders magisch angezogen hatte; ich muß gestehen, daß ich selten einen ähnlichen Schreck empfunden habe, als ihn mir die freundlichste Gewährung dieser meiner Bitte brachte. Da war denn allerdings von düsterer deutscher Gothik und all' den Alfanzereien nicht mehr die Rede; dagegen floß das Stück unter den Händen meines Freundes mit einer „griechischen Heiterkeit" über das Klavier hin, daß ich vor Harmlosigkeit nicht wußte wohin, und unwillkürlich in eine neu-hellenische Synagoge mich versetzt sah, aus deren musikalischem Kultus alles alttestamentarische Accentuiren auf das Manierlichste ausgemerzt war. Noch prickelte mir dieser sonderbare Vortrag in den Ohren, als ich endlich einmal Liszt bat, mein musikalisches Gemüth von diesem peinlichen Eindrucke zu reinigen: er spielte mir das vierte Präludium mit Fuge (Cis-moll). Nun hatte ich wohl gewußt, was mir von Liszt am Klaviere zu erwarten stand; was ich jetzt kennen lernte, hatte ich aber von Bach selbst nicht erwartet, so gut ich ihn auch studirt hatte. Aber hier ersah ich eben, was alles Studium ist gegen

---

1: sehnlicher] sehnlichster A_1.

3: könnte;] könnte: A_2.

er wurde mir endlich erfüllt] Liszt spielte die Sonate B-Dur op. 106 im Beisein Wagners am 24. November 1856 im Hause des Kaufmanns und Mäzens Charles Edouard Bourry in St. Gallen (vgl. ML, S. 556).

10: Genossen Mendelssohn's] Ferdinand Hiller; vgl. oben S. 23, 8.

11: schon] schon einmal A_1 A_2.

14: hatte;] hatte: A_1 A_2.

16-17: düsterer deutscher Gothik] Worauf sich Wagner hier bezieht, konnte nicht ermittelt werden. Möglicherweise hat diese Beurteilung Bachs mit der Tradition der auf Johann Adolph Scheibe (1708-1776) zurückgehenden Bach-Kritik zu tun. Vgl. dazu: Johann Sebastian Bach, *Leben und Werk in Dokumenten*, Kassel u. a. / München 1975, S. 150-161.

17: Alfanzereien] Possenreißerei, Gaukelei, Betrug.

die Offenbarung; Liszt offenbarte mir durch den Vortrag dieser einzigen Fuge Bach, so daß ich nun untrüglich weiß, woran ich mit diesem bin, von hier aus in allen Theilen ihn ermesse, und jedes Irrewerden, jeden Zweifel an ihm kräftig gläubig mir zu lösen vermag. Ich weiß aber auch, daß Jene von ihrem als Eigenthum gehüteten Bach nichts wissen; und wer hieran zweifelt, dem sage ich: laßt ihn euch von ihnen vorspielen!

Ich rufe ferner den ersten Besten aus jenem pietistischen Musik-Mäßigkeitsvereine, den ich sofort noch näher betrachten werde, auf, wenn er einmal von Liszt die große Beethoven'sche B-dur-Sonate spielen hörte, mir gewissenhaft zu bezeugen, ob er diese Sonate vorher wirklich gekannt und verstanden hatte? Mir wenigstens ist es möglich, einen Solchen zu bezeichnen, der mit Allen, welche diesem wundervollen Erlebnisse beiwohnten, in wahrer Ergriffenheit jenes unerläßliche Geständniß zu bekräftigen sich gedrungen fühlte. Wer ist es noch jetzt, der Bach und den ächten großen Beethoven wirklich öffentlich zum Vortrag bringt, und jede Zuhörerschaft zu dem gleichen freudigen Geständnisse hinreißt? Ist es ein Schüler der Enthaltsamkeitsschule? Nein! Es ist einzig Liszt's berufenster Nachfolger, Hans von Bülow.

Dieß genüge für jetzt, um hierüber etwas gesagt zu haben. –

Es muß uns nun wieder interessiren, zu sehen, wie sich diesen schönen Offenbarungen gegenüber jene Herren, mit denen wir hier zu thun haben, des weiteren verhalten.

Ihre politischen Erfolge, in sofern die der „Wirkung" Abholden das Feld der Wirksamkeit auf dem Gebiete des deutschen musikalischen Gemeinwesens behaupten, sollen uns jetzt nicht kümmern, wogegen die religiöse Entwickelung ihrer Gemeinde uns interessirt. In diesem Betreff ist nun die frühere, mehr von ängstlicher Befangenheit und selbstbesorgter Bedenklichkeit eingegebene Maxime: „nur keinen Effekt!" aus einer fast zartsinnigen Klugheitsmaaßregel zu einem wirklich aggressiven Dogma erhoben worden, dessen Bekenner mit muckerischer Scheu ihre Augen abwenden, wenn ihnen in der Musik einmal ein ganzer Mann begegnet, als ob sie da gar etwas Unzüchtiges gewahren könnten. Diese Scheu, wie sie ursprünglich nämlich nur eigene Impotenz verdeckte, wird jetzt zur Anklage der Potenz, und diese Anklage gewinnt aktive Kraft aus der Verdächtigung und Verleumdung. Der nährende Boden, auf welchem dieß Alles für sein Gedeihen sorgt, ist eben der arme Geist des deutschen Philisterthums, des im kleinlichsten Wesen verwahrlosten Sinnes, unter welchem wir auch unser Musikerwesen mit inbegriffen gesehen haben.

3: ihm] ihn D_2 D_3.

19: *Beginn der 7. Fortsetzung* A_2 D_1.

35: Sinnes] bürgerlichen Sinnes A_1.

36: haben.] *Hier folgte in der Quelle A_1 ursprünglich:* Ich glaube, dass der protestantische Pietismus unserer Tage ihm viel Befruchtung zuführt; unter Umständen mag auch

Das Hauptingredienz bleibt aber eine gewisse sinnig dünkende Behutsamkeit gegen Das, was man nicht zu leisten vermag, mit Verleumdung Dessen, was man gern leisten möchte. Es ist über Alles traurig, daß man in dieses Unwesen eine so tüchtige Natur, wie Robert Schumann verwickeln, ja schließlich sein Andenken zur Kirchenfahne für diese neue Gemeinde machen konnte. Das Unglück war eben, daß Schumann sich Etwas zumuthete, dem er nicht gewachsen war, und gerade die hierdurch sich kundgebende verfehlte Seite seines künstlerischen Schaffens zum wohlgeeignet dünkenden Aushängeschilde für diese neueste Musik-Gilde gemacht werden konnte. Das, worin Schumann liebenswerth und durchaus anmuthend war, und was daher auch gerade unsererseits (ich nenne mit Stolz mich hier zu Liszt und den Seinigen gehörig) schöner und empfehlender gepflegt wurde, als von seinen eigenen Angehörigen, ward, weil darin sich wahre Produktivität beurkundete, von Jenen geflissentlich unbeachtet gelassen, vielleicht nur weil ihnen der Vortrag dafür abging. Dagegen wird heute Das, worin Schumann eben die Beschränktheit seiner Begabung aufdeckte, nämlich das auf größere, kühnere Konzeption Angelegte, sorgsam von ihnen hervorgezogen: wird es nämlich in Wahrheit vom Publikum nicht recht goutirt, so kommt es zu Statten, daran nachzuweisen, daß es eben schön sei, wenn Etwas keinen „Effekt“ mache, und endlich kommt ihnen sogar noch der Vergleich mit dem, namentlich bei ihrem Vortrage immer noch so sehr unverständlich bleibenden Beethoven der letzten Periode zu Statten, mit welchem sie nun den schwülstig uninteressanten, aber von ihnen so leicht zu bewältigenden (nämlich seiner ganzen Anforderung nach nur glatt herunterzuspielenden) R. Schumann sehr glücklich in einen Topf werfen können, um zu zeigen, wie ja, selbst in Übereinstimmung mit dem kühnsten Ungeheuerlichen, ihr Ideal eigentlich mit dem Allertiefsinnigsten des deutschen Geistes zusammen gehe. So gilt denn endlich der seichte Schwulst Schumann's mit dem unsäglichen Inhalte Beethoven's als Ein und dasselbe, aber immer mit dem Vorbehalte, daß drastische Exzentrizität eigentlich unzulässig, und das gleichgiltig Nichtssagende das eigentlich Rechte und Schickliche sei, auf welchem Punkte dann der richtig vorgetragene Schumann mit dem schlecht vorgetragenen Beethoven allerdings ganz erträglich zu einander gehalten werden können.

Hiermit gerathen diese sonderbaren Wächter der musikalischen Keuschheit zu unserer großen klassischen Musik in die Stellung von Eunuchen im großherrlichen Harem, und deßhalb scheint der Geist unseres Philisterthums ihnen

---

der Jesuitismus dazu mit beitragen.

6: Schumann] auch Sch. A_1. Etwas] Dinge A_1.

9-10: Das, worin Schumann liebenswerth und durchaus anmuthend war] Wagner meinte damit nach der Quelle A_1 die frühen Klavierwerke; vgl. nachfolgende Lesart.

13: darin sich] *dazu Fußnote* (wie in vielen seiner früheren Klaviercompos.) A_1.

auch gern die Bewachung des immerhin bedenklichen Einflusses der Musik auf die Familie anzuvertrauen, da man sicher zu sein glauben darf, von dieser Seite nichts Bedenkliches aufkommen zu sehen.

Wo bleibt nun aber unsere große, unsäglich herrliche deutsche Musik?–

Was aus unserer Musik wird, darauf kann es uns hierbei am Ende einzig ankommen. Denn, daß andererseits in einer gewissen Periode einmal nichts Besonderes geleistet wird, das könnten wir nach einer hundertjährigen glorreichen Periode wundervollster Produktivität stolz genügsam zu verschmerzen wissen. Aber gerade daß diese Leute, mit denen wir hier zu thun haben, sich als die Behüter und Bewahrer des ächten „deutschen“ Geistes dieses unseres herrlichen Erbes gebahren, und als solche sich zu Geltung zu bringen bemüht sind, das läßt sie uns gefährlich erscheinen.

Ganz für sich betrachtet, ist an diesen Musikern nicht viel auszusetzen; die meisten unter ihnen komponiren ganz gut. Herr Johannes Brahms war so freundlich, mir einmal ein Stück mit ernsten Variationen von sich vorzuspielen, aus dem ich ersah, daß er keinen Spaß versteht, und welches mich ganz vortrefflich dünkte. Ich hörte ihn auch in einem Konzerte anderweitige Kompositionen auf dem Klaviere spielen, was mich nun allerdings weniger erfreute; sogar mußte es mir impertinent erscheinen, daß von der Umgebung dieses Herren aus

---

1-2: Bewachung des immerhin bedenklichen Einflusses der Musik auf die Familie] Hier könnte es sich um eine Anspielung auf den Schriftsteller und Komponisten Wilhelm Heinrich Riehl (1823-1897) handeln, den Wagner in einer Rezension „öffentlicher Komponist ‚für das Haus‘“ nannte (GSD VIII, S. 266; SSD VIII, S. 211).

5: *danach* 7. Forts. A_1.

8-9: nach einer hundertjährigen glorreichen Periode wundervollster Produktivität] Gemeint ist die Zeit von Johann Sebastian Bach bis zum Tode Ludwig van Beethovens.

16: ein Stück mit ernsten Variationen] Variationen und Fuge über ein Thema von Händel op. 24. Brahms spielte das Werk bei einem Besuch bei Wagner in Penzing bei Wien am 6. Februar 1863. Vgl. unten Z. 18f.

16-17: vorzuspielen, aus dem ich ersah, daß er keinen Spaß versteht, und welches mich ganz vortrefflich dünkte.] vorzuspielen, das mich ganz vortrefflich dünkte. A_2 D_1 vorzuspielen, die mich ganz vortrefflich dünkten. A_1.

17: daß er keinen Spaß versteht] Vgl. die gleiche sprachliche Wendung oben S. 2, 23.

18: Ich hörte ihn auch in einem Konzerte] In dem Konzert in Wien am 6. Januar 1863 spielte Brahms die Chromatische Fantasie und Fuge von Bach, Variationen und Fuge op. 35 von Beethoven, Concert sans orchestre op. 14 von Schumann und seine eigene Sonate op. 5; zudem begleitete er vier eigene Lieder (nach: Max Kalbeck, *Johannes Brahms* II, 1. Halbband 1862-1868, Berlin ^{2}1908, S. 34). Vgl. oben Z. 16f.

anderweitige] klassische A_1.

Liszt und seiner Schule „allerdings eine außerordentliche Technik", aber auch nichts weiter, zugesprochen wurde, während ich die Technik des Herrn Brahms, dessen Vortrag mich seiner Sprödigkeit und Hölzernheit wegen sehr peinlich berührte, so gern etwas mit dem Öle jener Schule befeuchtet gewünscht hätte, welches denn doch nicht der Tastatur selbst zu entfließen scheint, sondern jedenfalls auf einem ätherischeren Gebiete, als dem der bloßen „Technik", gewonnen wird. Alles zusammen konstatirte jedoch eine ganz respektable Erscheinung, von der man nur einzig auf natürlichem Wege nicht zu begreifen vermag, wie sie, wenn nicht zu der des Heilandes, doch wenigstens zu der des geliebtesten Jüngers desselben gemacht werden konnte; es müßte denn sein, daß ein affektirter Enthusiasmus für mittelalterliche Schnitzereien in jenen steifen Holzfiguren das Ideal der Kirchenheiligkeit zu erkennen uns verleitet hätte. Jedenfalls müßten wir uns dann wenigstens dagegen verwahren, unseren großen lebendigen Beethoven in das Gewand dieser Heiligkeit verkleidet uns vorgeführt zu bekommen, um etwa ihn, den Unverstandenen, in dieser Verunstaltung neben den aus den natürlichsten Gründen unverständlichen Schumann stellen zu können, gleichsam als ob da, wo sie keinen Unterschied bemerklich zu machen verstehen, auch wirklich gar kein Unterschied stattfinde.

Wie es nun mit dieser Heiligkeit im Besonderen steht, deutete ich zuvor schon an. Forschen wir ihren Aspirationen nach, so werden wir bald auf ein neues Feld, und zwar auf dasjenige geleitet werden, auf welches der voraus angezeigte Gang unserer Untersuchungen „über das Dirigiren" uns jetzt zu führen hat. –

Vor einiger Zeit warf ein süddeutscher Zeitungsredakteur meinen Kunsttheorien „muckerische" Tendenzen vor: der Mann wußte offenbar nicht, was er damit sagte; es war ihm einfach um ein böses Wort zu thun. Was ich dagegen von

---

1: „allerdings eine außerordentliche Technik"] Woher dieses tatsächliche oder vermeintliche Zitat stammt, konnte nicht ermittelt werden. So wie Wagner es darstellt, geht der Ausspruch nicht auf Brahms selbst zurück, so dass er wohl nicht während der Begegnungen zwischen Wagner und Brahms 1862-1863 gefallen ist.

9: des Heilandes] eines Heilandes A_1 A_2 D_1.

24: Vor einiger Zeit] Vor Kurzem A_1 A_2 D_1.

süddeutscher Zeitungsredakteur] Julius Fröbel (1805-1893). Dieser hatte in der von ihm herausgegebenen *Süddeutschen Presse* in einer Rezension von Wagners Schrift *Oper und Drama* geschrieben: „Seine [Wagners] Weltansicht ist die einer Sekte, welche noch dazu von muckerhaften Gelüsten geschmacklosester Art nicht frei ist, – einer Sekte[,] deren Geist als Produkt einer nationalen Zeitkrankheit seine Rolle eigentlich schon längst ausgespielt hat, und deren Wiederbelebung mit den Galvanisirungsmitteln der Kunst ein unfruchtbarer Anachronismus ist." (*Süddeutsche Presse* 1869 Nr. 2 , 3. Januar 1869). Kurioserweise war es Wagner gewesen, der die Berufung Fröbels als Redakteur der Zeitung betrieben hatte.
Vgl. dazu auch *Judenthum* 1869, S. 49; GSD VIII, S. 315f.; SSD VIII, S. 253; Fischer 2000, S. 189.

dem Wesen der Muckerei in Erfahrung gebracht habe, bezeichnet die sonderbare Tendenz dieser widerlichen Sekte damit, daß hier dem Anreizenden und Verführerischen auf das Angelegentlichste nachgetrachtet wird, um an der schließlichen Abwehr desselben seine Widerstandskraft gegen den Reiz und die Verführung zu üben. Der eigentliche Skandal der Sache ging nun aber aus der Aufdeckung des Geheimnisses der Höchsteingeweihten dieser Sekte hervor, bei denen sich die angekündigte Tendenz dahin umkehrte, daß der Widerstand gegen den Reiz nur den schließlich einzig erzielten Genuß zu steigern hatte. – Man würde demnach, auf die Kunst angewendet, etwas nicht Sinnloses sagen, wenn man der eigenthümlichen Enthaltsamkeitsschule des von uns besprochenen musikalischen Mäßigkeitsvereines muckerhaftes Wesen zuspräche. Treiben sich nämlich die unteren Grade dieser Schule in dem Kreislaufe des Reizes, wie ihn der Charakter gerade der musikalischen Kunst darbietet, und der Enthaltsamkeit, welche eine dogmatisch gewordene Maxime ihnen auferlegt, herum, so kann man den höheren Graden wohl ohne große Mühe nachweisen, daß hier, im Grunde genommen, nur der Genuß des den unteren Graden Verbotenen ersehnt wird. Die „Liebeslieder-Walzer" des heiligen Johannes, so albern sich schon der Titel ausnimmt, könnten noch in die Kategorie der Übungen der unteren Grade gesetzt werden: die inbrünstige Sehnsucht nach der „O p e r" jedoch, in welche schließlich alle religiöse Andacht der Enthaltsamen sich verliert, zeichnet unverkennbar die höheren und höchsten Grade aus. Könnte es hier ein einziges Mal zu einer wirklich glücklichen Umarmung der „Oper" kommen, so stünde zu vermuthen, daß die ganze Schule gesprengt wäre. Nur daß dieß nie gelingen will, hält die Schule noch zusammen; denn jedem misglückten Versuche kann immer wieder der Anschein eines freiwilligen Abstehens, im Sinne der ritualistischen Übungen der unteren Grade gegeben werden, und die nie glücklich gefreite Oper kann immer von Neuem wieder als bloßes Symbol des schließlich abzuwehrenden Reizes figuriren, so daß die Autoren durchgefallener Opern für besonders heilig gelten können. –

Wie verhalten sich nun, ernstlich gefragt, diese Herren Musiker zur „O p e r"? – Denn hier haben wir, nachdem wir sie im Konzertsaale, als ihrem Ausgangspunkte, aufgesucht, um des „Dirigirens" willen schließlich noch auszuforschen. –

Herr E d u a r d D e v r i e n t hat uns die „O p e r n n o t h", d. h. das Nothverlangen nach einer Oper, seines Freundes Mendelssohn in den ihm vor

---

17: „Liebeslieder-Walzer"] Die Schreibweise, nämlich mit Bindestrich, legt den Gedanken nahe, dass Wagner nur die Anzeige der Erstausgabe des Werks kannte (*Signale für die musikalische Welt* 27, Nr. 52, 11. Oktober 1869, S. 830), nicht aber das Werk selbst, dessen genauer Titel lautet: *Liebeslieder. Walzer für Gesang und Klavier zu vier Händen* op. 52.

34: Eduard Devrient] E. D. (1801-1877), Sänger, Dramaturg, Musikschriftsteller, während Wagners Dresdener Kapellmeisterjahren 1843-1849 zeitweise dessen Kollege als Dramaturg des Hoftheaters. Er publizierte *Meine Erinnerungen an Felix Mendelssohn*

einiger Zeit gewidmeten „Erinnerungen“ neuerdings zu Gemüthe geführt. Hieraus lernen wir auch das besondere Verlangen des benöthigten Meisters darnach kennen, daß die ihm vom Schicksal bestimmte Oper recht „deutsch“ sei, und hierzu sollte ihm das Material eben herbeigeschafft werden, – was nun leider nicht gelingen wollte. Ich vermuthe, daß dieß Letztere seine natürlichen Gründe hatte. Vieles läßt sich durch Verabredung zu Stande bringen: das „Deutschsein“ und die „edel heitre“ Oper, wie sie Mendelssohn’s perfid-zartsinnigem Ehrgeize vorschwebte, lassen sich aber eben nicht machen, weil hierfür weder alte noch neue Testamente als Rezepte vorliegen. – Was dem Meister unerreichbar blieb, wurde von dessen Gesellen und Lehrlingen dennoch nie ernstlich aufgegeben. Herr Hiller glaubte es erzwingen zu müssen, und zwar einfach durch heiteres, unverdrossenes Darangehen, weil es dabei endlich doch nur auf den „glücklichen Griff“ anzukommen schien, der ja – seiner Meinung nach – vor seinen Augen Anderen gelang, und der bei rechter Ausdauer, wie beim Hazardspiel, doch endlich auch einmal ihm zur Hand kommen müßte. Das glückliche Griffsrad versagte aber immer von Neuem. Keinem schlug es zu: auch dem armen Schumann nicht; und so Viele der oberen und niederen Grade der Enthaltsamkeitskirche „keusch und harmlos“ die Hände nach dem ersehnten wirklichen Opernerfolge ausstreckten, nach kurzer und doch mühsamer Täuschung war der glückliche Griff wieder – verfehlt.

Solche Erfahrungen verbittern selbst den Harmlosesten, und sie sind um so ärgerlicher, als andererseits die Beschaffenheit des politischen Musikstaates in Deutschland es mit sich bringt, daß die Kapellmeister und Musikdirektoren mit ihren Funktionen zunächst an das Theater gebunden sind, und diese Herren demnach auf demjenigen Felde der musikalischen Wirksamkeit dienen müssen, auf welchem sie auch so ganz und gar nichts zu leisten vermögen. Der Grund, aus welchem sie dieß nicht vermögen, kann nun unmöglich derjenige sein, der andererseits einen Musiker dazu befähigt, dem Opernwesen vorzustehen, d. h. ein guter Operndirigent zu sein. Und doch hat es das sonderbare, von mir anfänglich bereits näher bezeichnete Schicksal unserer Kunstzustände so mit sich gebracht, daß diesen Herren, welche unsere deutsche Konzertmusik nicht einmal dirigiren können, auch noch das so sehr komplizirte Opernwesen zur Leitung übergeben worden ist. Nun stelle sich der Einsichtsvolle vor, wie es da zugehen muß! – –

Bartholdy und seine Briefe an mich, Leipzig 1869, worüber Wagner eine Rezension verfasste (GSD VIII, S. 284-298; SSD VIII, S. 226-238).

7-8: perfid-zartsinnigem] zartem A_1.

9: weder alte noch neue Testamente als Rezepte] Anspielung auf die Oratorien *Elias* und *Paulus* von Mendelssohn Bartholdy.

14: Anderen] *ursprünglich* einem Anderen A_2.

17: auch dem armen Schumann nicht] Anspielung auf Schumanns Oper *Genoveva*, der der große Erfolg versagt blieb.

So ausführlich ich bei der Aufdeckung ihrer Schwäche auf dem Felde, wo sie sich eigentlich zu Hause finden müßten, zu Werke ging, so kurz kann ich nun im Betreff der Leistungen dieser Herren Dirigenten auf dem Gebiete der Oper sein; denn hier heißt es einfach: „Herr, vergieb ihnen, sie wissen nicht was sie thun!" Ich müßte, um ihre schmachvolle Wirksamkeit auf diesem Gebiete zu bezeichnen, dießmal mich zu dem positiven Nachweise des Bedeutenden und Guten wenden, was hier zu erwirken wäre, und dieß möchte mich von meinem vorgesteckten Ziele zu weit abführen; weßhalb ich mir diesen Nachweis für ein anderes Mal vorbehalte. Dafür hier nur so viel zur Charakteristik ihrer Leistungen als Operndirigenten. –

Auf dem ihnen zum Ausgangspunkte dienenden Gebiete der Konzertmusik muß es diesen Herren schicklich dünken, mit möglichst ernster Miene zu Werke zu gehen; hier, in der Oper, erscheint es ihnen jedoch passender, von vornherein die leichtfertig skeptische, geistreich-frivole Miene zu zeigen. Sie geben lächelnd zu, hier nicht sonderlich zu Hause zu sein, und von Dingen, von denen sie nicht viel hielten, auch nicht viel zu verstehen. Daher von vornherein eine galante Gefälligkeit gegen Sänger und Sängerinnen, denen sie mit Vergnügen es recht zu machen sich erbieten: sie nehmen das Tempo, führen Fermaten, Ritardando's, Accelerando's, Transpositionen und vor Allem gern „Striche" ein, ganz wie und wo Jene es wünschen. Woher sollten sie je den Beweis für die Unsinnigkeit einer von dieser Seite ihnen gestellten Zumuthung nehmen? Fällt es einem zur Pedanterei geneigten Dirigenten ja einmal ein, auf Diesem oder Jenem bestehen zu wollen, so hat er in der Regel Unrecht. Denn, namentlich in dem von ihnen selbst so aufgefaßten frivolen Sinne der Oper sind Jene hier ganz und gar zu Haus, und wissen einzig, was und wie sie es können, so daß, wenn in der Oper irgend etwas Anerkennungswerthes zu Tage kommt, dieß wirklich einzig den Sängern und ihrem richtigen Instinkte zu verdanken ist, gerade wie im Orchester das Verdienst hiervon fast lediglich dem guten Sinne der Musiker zufällt. – Dagegen muß man bloß einmal solch' eine Orchesterstimme, z. B. von „Norma" sich genau ansehen, um zu ermessen, was aus einem so harmlos beschriebenen

---

2: im] in D_1.

4: sie] denn sie A_1 *ursprünglich* denn sie A_2.

4-5: „Herr, vergieb ihnen, sie wissen nicht was sie thun!"] Im Lukas-Evangelium betet Jesus am Kreuz: Vater, vergib ihnen; denn sie wissen nicht, was sie tun! (Kapitel 23 Vers 34).

22: ein] bei A_2 D_1.

25: was] was sie wollen A_1.

29: eine Orchesterstimme, z. B. von „Norma"] Wagner sprach hier aus eigener Erfahrung, Die Partitur der Oper *Norma* von Vincenzo Bellini, aus der er in seiner Rigaer Zeit (1837-1839) das Werk dirigieren musste, weist derartige Transpositionen auf (heute in der Zentralbibliothek Zürich).

Notenpapierhefte für ein seltsamer musikalischer Wechselbalg werden kann: nur die Folge von Transpositionen, wo das Adagio einer Arie aus Fis-, das Allegro aus F-dur, dazwischen (der Militärmusik wegen) ein Übergang in Es-dur gespielt wird, bietet ein wahrhaft entsetzliches Bild von der Musik, zu welcher solch' ein hochgeachteter Kapellmeister munter den Takt schlägt. Erst in einem Vorstadt-Theater von Turin (also in Italien) habe ich es einmal erlebt, den „Barbier von Sevilla" wirklich korrekt und vollständig zu hören; denn selbst solch' einer unschuldigen Partitur gerecht zu werden, verdrießt unsere Kapellmeister die Mühe, weil sie keine Ahnung davon haben, daß selbst die unbedeutendste Oper durch vollkommen korrekte Vorführung, eben schon der durch diese Korrektheit uns gewährten Befriedigung wegen, eine relativ recht wohlthuende Wirkung auf den gebildeten Sinn ausüben kann. Die seichtesten theatralischen Machwerke wirken auf den kleinsten Pariser Theatern angenehm, ja ästhetisch befreiend auf uns, weil sie nie anders als durchaus korrekt und sicher in allen Theilen aufgeführt werden. So groß eben ist die Macht des künstlerischen Prinzipes, daß, wenn es nur in einem seiner Theile durchaus richtig angewendet und erfüllt wird, wir sofort eine ästhetische Wirkung davon erhalten; was wir hier finden, ist wirkliche Kunst, wenn auch auf einer sehr niederen Stufe. Aber eben von diesen Wirkungen lernen wir in Deutschland gar nichts kennen, außer etwa in Wien und Berlin durch eine *Balletaufführung*. Hier nämlich liegt Alles in *einer* Hand, und zwar in der Hand Desjenigen, der seine Sache wirklich versteht: dieß ist der Ballettmeister. Dieser schreibt hier glücklicher Weise auch einmal dem Orchester das Gesetz der Bewegung, für den Vortrag wie für das Tempo, vor, und zwar nicht wie der einzelne Sänger nach seinem persönlichen Belieben in der Oper, sondern im Sinne des Ensemble's, der Übereinstimmung Aller; und nun erleben wir es denn, daß auch plötzlich das Orchester richtig spielt, – ein äußerst wohlthätiges Gefühl, welches Jedem angekommen sein wird, der nach den Peinen einer Opernaufführung dort einmal solch' einem Ballet beiwohnte. In der Oper könnte für eine ähnliche erfolgreiche Übereinstimmung der Regisseur wirken; aber sonderbarer Weise bleibt die Fiktion, als gehöre die Oper der absoluten Musik zu, trotz aller erwiesenen und von jedem Sänger gewußten Unkenntniß des musikalischen Leiters, aufrecht erhalten, so daß, wann denn einmal durch den richtigen Instinkt talentvoller Sänger und eines durch das Werk begeisterten Darsteller- und Musiker-Personales eine Aufführung wirklich glückte, wir es immer noch erlebt haben, daß der Herr Kapellmeister, als Repräsentant der Gesammtleistung betrachtet, zur Belohnung hervorgerufen und sonst

---

5-6: in einem Vorstadt-Theater in Turin] Wagner erlebte dort am 30. August 1853 die erwähnte Aufführung von Rossinis *Il barbiere di Siviglia* (SBr 5, S. 416).

17: erhalten;] erhalten: A_2 D_1.

30-31: absoluten Musik] Musik A_1.

34-35: glückte] glückt A_1 A_2 D_1.

wie ausgezeichnet wurde. Wie er hierzu kam, muß ihm selbst überraschend gewesen sein; auch er wird dann haben beten können: „Herr, vergieb ihnen, sie wissen nicht was sie thun!“ –

Da ich mich aber nur über das eigentliche Dirigiren vernehmen lassen wollte, habe ich, um mich in unser Opernwesen im Allgemeinen nicht weiter zu verlieren, jetzt bloß noch zu bekennen, daß ich mit diesem Kapitel zum Schluß gelangt bin. Über das Dirigiren unserer Kapellmeister in der Oper ist für mich nicht zu streiten. Dieß können etwa die Sänger thun, wenn sie sich über den einen Dirigenten zu beklagen haben, daß er ihnen nicht genug nachgäbe, über den anderen, daß er ihnen nicht aufmerksam genug einhälfe; kurz, auf dem Standpunkte der allergemeinsten Handwerksleistung, auf welche es hier herauskommt, kann da etwa ein Disput erhoben werden. Vom höheren Standpunkte einer wirklichen künstlerischen Leistung aus ist dieses Dirigiren aber gar nicht in Betracht zu nehmen. Und hierüber ein Wort zu sprechen kommt mir, und zwar mir allein unter allen jetzt lebenden Deutschen zu; weßhalb ich mir schließlich gestatten werde, die Gründe dieser Zurückweisung noch etwas näher zu erörtern.

Mit welcher der von mir bezeichneten Eigenschaften unserer Dirigenten ich selbst bei den Aufführungen meiner Opern zu thun habe, muß mir, wenn ich meine Erfahrungen in diesem Betreff überdenke, immer wieder ungewiß bleiben. Ist es der Geist, in welchem unsere große Musik im Konzert, oder der, in welchem die Oper im Theater behandelt wird? Ich glaube, das Schlimme für mich ist, daß diese beiden Geister sich beim Befassen mit meinen Opern die Hand reichen, um sich in einer nicht eben sehr erfreulichen Weise zu ergänzen. Wo der erstere, der an unserer klassischen Konzertmusik sich übende Geist, freies Spiel hat, wie in den einleitenden Instrumentalsätzen meiner Opern, erfahre ich nur die niederschlagendsten Folgen jenes von mir so ausführlich besprochenen Vorgehens. In diesem Bezug habe ich von nichts als vom Tempo zu reden, welches widersinnig entweder verjagt (wie z. B. von Mendelssohn selbst dereinst in einem Leipziger Konzert meine Tannhäuser-Ouverture, um sie als

---

2: auch er] auch er A_2 D_1.

12: da] hier A_1 A_2 D_1. ein Disput] Disput A_1.

18: *Beginn der 8. und abschließenden Fortsetzung* A_1 A_2 D_1.

30: in einem Leipziger Konzert meine Tannhäuser-Ouverture] Die Aufführung fand am 12. Februar 1846 im Leipziger Gewandhaus statt. Ob Mendelssohn tatsächlich der Dirigent war, ist nicht sicher, da in dem Konzert neben ihm noch Niels W. Gade mitwirkte, der zu jener Zeit als sein Co-Dirigent am Gewandhaus wirkte. Theoretisch käme sogar auch der Konzertmeister Ferdinand David als Dirigent in Frage, der nach einem Brief Wagners das Werk einstudiert hatte (SBr 2, S. 487) und möglicherweise die Aufführung nach alter Praxis vom 1. Violinpult aus leitete. Der von Wagner erwähnte Misserfolg wird durch die Zeitungsberichte bestätigt (Kirchmeyer IV, 3, Spalte 8, 10ff.). Ein späterer Bericht Hans von Bülows legt zwar nahe, dass

abschreckendes Beispiel hinzustellen), oder verschludert (wie in Berlin oder meistens sonst überall mein Lohengrin-Vorspiel), oder verschleppt und verschludert zugleich (wie neuerdings mein Vorspiel zu den „Meistersingern“ in Dresden und anderen Orten), – nirgends aber mit der sinnvollen Modifikation zu Gunsten eines verständlichen Vortrages behandelt wird, auf welche ich mit nicht minderer Bestimmtheit, wie auf das Richtigspielen der Noten selbst rechnen muß.

Um von der letzteren Nüance der verderblichen Aufführungsweise sogleich einen Begriff zu geben, führe ich allein das übliche Verfahren mit meinem Vorspiele zu den „Meistersingern“ an. –

Das Hauptzeitmaaß dieses Stückes ward von mir mit „sehr mäßig bewegt“ vorgezeichnet; dieß bedeutet also nach dem älteren Schema etwa: ALLEGRO MAESTOSO. Kein Tempo ist mehr als dieses, bei längerer Andauer, und namentlich bei stark episodischer Behandlung des thematischen Inhaltes, der Modifikation bedürftig, und es wird zur Ausführung mannigfaltiger Kombinationen verschiedenartiger Motive gern gewählt, weil seine breite Gliederung im regelmäßigen 4/4 Takte diese Ausführung durch die Nahelegung jener Modifikation mit großer Leichtigkeit unterstützt. Auch ist dieser mäßig bewegte 4/4 Takt eben der allervieldeutigste; er kann, in kräftig „bewegten“ Vierteln geschlagen, ein wirkliches, lebhaftes Allegro ausdrücken (dieß ist mein hier gemeintes Haupttempo, welches sich am lebhaftesten in den, von dem eigentlichen Marsche zu dem E-dur hinüberleitenden acht Takten:

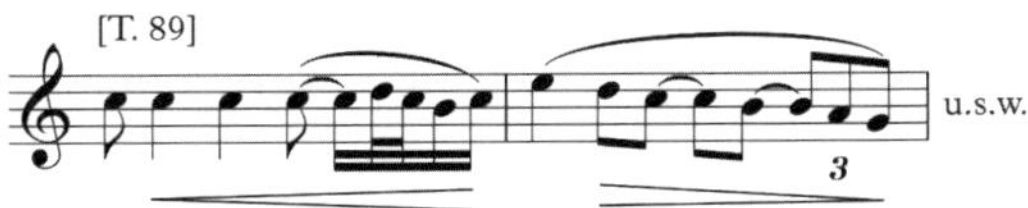

kundgiebt); oder er kann als eine aus zwei 2/4 Takten kombinirte halbe Periode gedacht werden, und wird dann bei dem Eintritte des verkürzten Thema's:

Mendelssohn die Aufführung leitete, doch zweifelsfreie Eindeutigkeit liefert auch dieses Dokument nicht (Hans von Bülow, *Briefe und Schriften*, hg. von Marie von Bülow, Bd. III, Leipzig 1896, S. 21).

3: neuerdings mein Vorspiel zu den „Meistersingern“ in Dresden] Gemeint ist die Aufführung des Vorspiels im Rahmen der Erstaufführung der gesamten Oper in Dresden am 21. Januar 1869 unter der Leitung von Julius Rietz; vgl. oben S. 6, 3.

6: *danach kein Absatz* A_2.

12: MAESTOSO] maestoso, oder auch: Tempo a la Marcia. A_1.

18: allervieldeutigste;] allervieldeutigste: A_2 D_1

18-19: ein wirkliches, lebhaftes Allegro] In diesem Zusammenhang erscheint das Konzert in Mannheim am 20. Dezember 1871 erwähnenswert, in dem das *Meistersinger*-Vorspiel nach dem Bericht von Richard Pohl „unter Wagners Leitung nur wenige Sekunden über 8 Minuten in Anspruch nahm.“ (zitiert nach: RWSW 28, Nr. 223, S. 100).

20: den, von] dem Nachspiel zu A_1. Marsche] Marschthema, in den A_1.

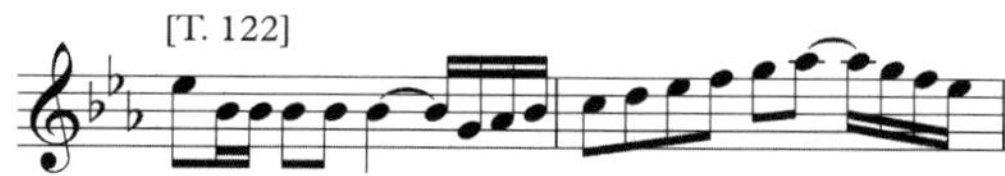

den Charakter eines lebhaften Scherzando's einzuführen erlauben; oder aber er kann selbst auch als ALLA-BREVE (2/2 Takt) gedeutet werden, wo er dann das ältere (namentlich in der Kirchenmusik angewendete) eigentliche, gemächliche TEMPO ANDANTE, welches richtig mit zwei mäßig langsamen Schlägen zu taktiren ist, ausdrückt. In diesem letzteren Sinne habe ich ihn, vom achten Takte nach dem Wiedereintritte des C-dur an, für die Kombination des jetzt von den Bässen getragenen Haupt-Marschthema's mit dem in rhythmischer Verdoppelung von den Violinen und Violoncells gemächlich breit gesungenen zweiten Hauptthema verwendet:

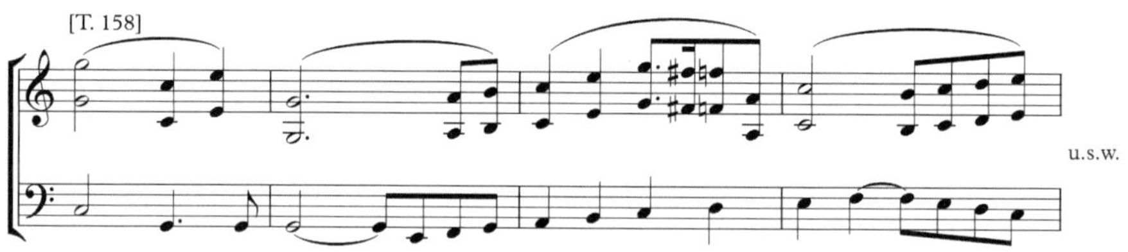

Dieses zweite Thema führte ich zuerst im reinen 4/4 Takt verkürzt ein:

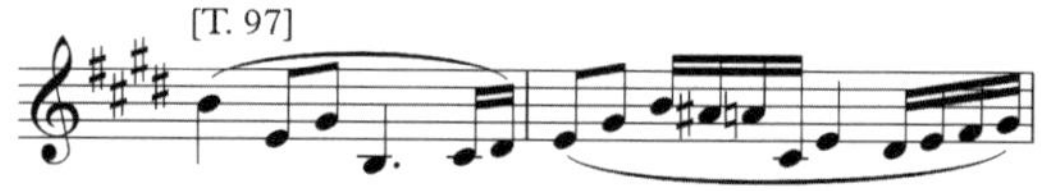

Bei größter Zartheit im Vortrage hat es hier einen leidenschaftlichen, fast hastigen Charakter (ungefähr den einer heimlich geflüsterten Liebeserklärung) an sich; um den Hauptcharakter der Zartheit rein zu erhalten, muß das Tempo, da die leidenschaftliche Hast durch die bewegtere Figuration entschieden genug ausgedrückt ist, nothwendig um Etwas zurückgehalten, somit zu der äußersten Nüance des Hauptzeitmaaßes nach der Richtung der Gravität des 4/4 Taktes hin gedrängt werden, und um dieß unmerklich (d. h. ohne den Hauptcharakter des zu Grunde liegenden Tempo's wirklich zu entstellen) ausführen zu können, leitet ein mit „POCO RALLENTANDO" bezeichneter Takt diese Wendung ein. Durch die endlich vorherrschend werdende unruhigere Nüance dieses Thema's,

---

2: selbst auch] selbst D_2.

12: geflüsterten] zugeflüsterten A_1 A_2.

19: ein mit „POCO RALLENTANDO" bezeichneter Takt] Takt 96.

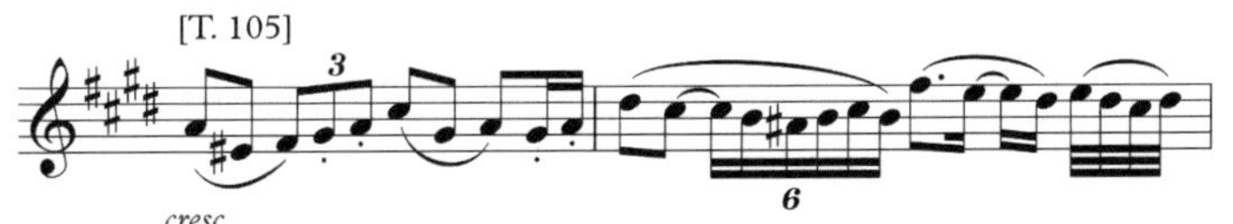

welche ich auch besonders mit „leidenschaftlicher“ für den Vortrag bezeichnete, war es mir leicht, das Tempo wieder in seine ursprünglich bewegtere Richtung zurückzuleiten, in welcher endlich es sich dazu befähigen konnte, mir als das oben bezeichnete ANDANTE ALLA BREVE zu dienen, womit ich wiederum nur eine bereits in der ersten Exposition des Stückes entwickelte Nüance des Haupttempo's von Neuem aufzunehmen hatte. Die erste Entwickelung des gravitätischen Marschthema's hatte ich nämlich in eine sogleich breiter ausgeführte Coda von cantabilem Charakter ausgehen lassen, welche nur dann richtig vorzutragen war, wenn sie in jenem Tempo ANDANTE ALLA BREVE aufgefaßt wurde. Da diesem volltönig zu spielenden Cantabile

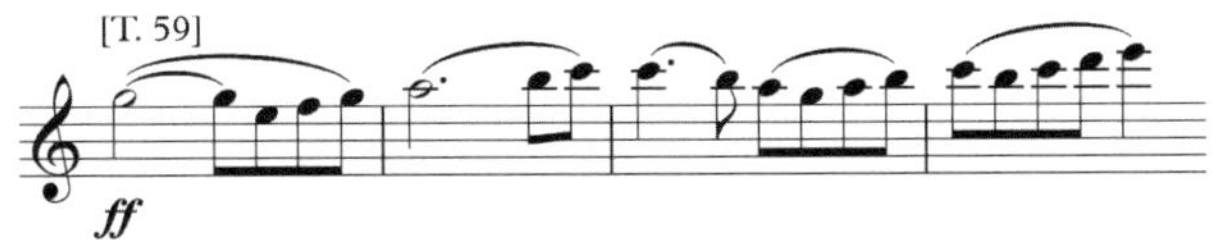

die in wuchtigen Vierteln auszuführende Fanfare

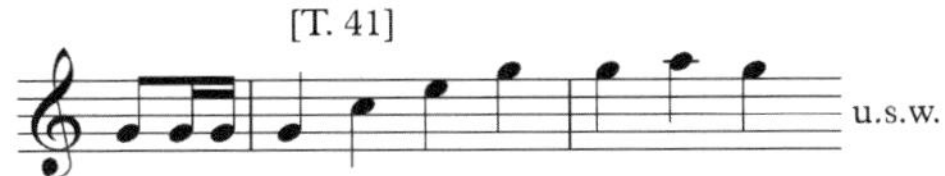

voranging, hatte diese Umstimmung des Tempo's sehr ersichtlich mit dem Aufhören der reinen Viertelbewegung, also mit den gehalteneren Noten des das Cantabile einleitenden Dominanten-Accordes einzutreten; da nun diese breite Bewegung in halben Taktnoten jetzt mit lebhafter Steigerung, namentlich auch der Modulation, eine besondere Andauer erhält, so glaubte ich auch die Bewegung des Zeitmaaßes, ohne besonders hierauf aufmerksam zu machen, dem Dirigenten um so eher überlassen zu können, als der Vortrag solcher Stellen, wenn nur dem natürlichen Gefühle der ausführenden Musiker nachgegeben wird, ganz von selbst zur Befeuerung des Tempo's hinführt, worauf ich als erfahrener Dirigent auch so sicher rechnete, daß ich nur die Stelle zu bezeichnen für nöthig hielt, an welcher das Zeitmaaß wieder zur ursprünglichen Anlage des reinen

---

1: „leidenschaftlicher“ für den Vortrag] Takt 105.

4: wiederum] wieder D_2 D_3.

13-14: das Cantabile einleitenden Dominanten-Accordes] Takt 57.

4/4 Taktes zurückkehrt, was jedem musikalischen Gefühle durch den neuen Hinzutritt der Viertelbewegung in den Harmoniefolgen nahe gelegt ist. In der Konklusion des Vorspieles tritt dieser breitere 4/4 Takt ebenso erkenntlich mit der Wiederkehr jener oben angeführten, kräftig getragenen marschartigen Fanfare von Neuem ein, wozu nun auch die verdoppelte Bewegung des figurativen Schmuckes hinzutritt, um das Tempo gerade so abzuschließen, wie es begonnen hat. –

Dieses Vorspiel führte ich zum ersten Male in einem in Leipzig gegebenen Privatkonzerte auf, und es wurde, eben unter meiner persönlichen Leitung, genau nach diesen hier aufgezeichneten Angaben, vom Orchester so vorzüglich gespielt, daß das sehr kleine, fast nur aus auswärtigen Freunden meiner Musik bestehende, Auditorium lebhaft eine sofortige Wiederholung verlangte, welche von den Musikern, da sie hierin ganz mit den Zuhörern übereinzustimmen schienen, mit freudiger Bereitwilligkeit ausgeführt wurde. Der Eindruck hiervon schien sich in einem so günstigen Sinne verbreitet zu haben, daß man es für gut fand, auch dem eigentlichen Leipziger Publikum in einem Gewandhauskonzerte mein neues Vorspiel zu Gehör zu bringen. Herr Kapellmeister R e i n e c k e, welcher der Aufführung des Stückes unter meiner Leitung beigewohnt hatte, dirigirte es dießmal, und die gleichen Musiker führten es unter seiner Leitung so aus, daß es vom Publikum ausgezischt werden konnte. Ob dieser Erfolg der Biederkeit der hierbei Betheiligten allein zu verdanken war, d. h. ob absichtliche Entstellung dazu führte, will ich nicht näher untersuchen, und zwar schon aus dem Grunde, weil mir die gänzlich unverstellte Unfähigkeit unserer Dirigenten gar zu einleuchtend bekannt ist: genug, von sehr eingeweihten Ohrenzeugen erfuhr ich, w e l c h e n T a k t der Herr Kapellmeister zu meinem Vorspiele geschlagen hatte, und damit wußte ich genug.

1-2: den neuen Hinzutritt der Viertelbewegung in den Harmoniefolgen] Takt 76.

4-5: Wiederkehr jener oben angeführten, kräftig getragenen marschartigen Fanfare] Takt 187ff.

7: *folgende Leerzeile fehlt* A_2 D_1 D_2.

8-9: in Leipzig gegebenen Privatkonzerte] Wagner dirigierte das Vorspiel zu den *Meistersingern* am 1. November 1862 im Leipziger Gewandhaus innerhalb eines Konzerts des mit ihm befreundeten Komponisten und Dirigenten Wendelin Weißheimer (1838-1910).

13: da sie] welche A_1 die A_2 D_1.

16: Gewandhauskonzerte] Das Konzert fand am 24. November 1862 statt.

17: Kapellmeister Reinecke] Carl R. (1824-1910), Pianist, Komponist, Dirigent, von 1860 bis 1895 Gewandhauskapellmeister.

19: die gleichen] dieselben A_1. Leitung] Direction A_2 D_1.

Will nämlich ein solcher Dirigent seinem Publikum oder seinem Herrn Direktor u. s. w. nur beweisen, welche üble Bewandtniß es mit meinen „Meistersingern“ habe, so braucht er ihnen bloß das Vorspiel dazu in derselben Weise vorzutaktiren, in welcher er gewohnt ist, Beethoven, Mozart und Bach zu handhaben, und welche R. Schumann gar nicht übel bekommt, so hat ein Jeder sich leicht zu sagen, daß dieß ja eine recht unangenehme Musik sei. Denke man sich nur ein so lebendig und doch unendlich zartgegliedertes, fein empfindliches Wesen, wie ein von mir an diesem Vorspiele nachgewiesenes Tempo es ist, plötzlich in das Prokrustesbett solch' eines klassischen Taktschlägers gebracht, um einen Begriff zu haben, wie es sich darin ausnehmen muß! Da heißt es: „hier hinein legst du dich; um was du zu lang bist, das hau' ich dir ab, um was zu kurz, das streck' ich dir aus!“ Und nun wird Musik dazu gemacht, um den Schmerzensschrei des Gemarterten zu übertäuben! –

In solcher Weise sicher gebettet, lernte nun auch z. B. das Dresdener Publikum, das einst manches Lebenvolle von mir sich vorgeführt hörte, nicht nur dieses Vorspiel zu den „Meistersingern“, sondern, wie sich aus dem Folgenden schließen lassen wird, das ganze Werk (so weit es nicht von vornherein gestrichen war) kennen. Um wieder mit technischer Genauigkeit zu reden, bestand das Verdienst des Dirigenten hierbei darin, daß er das von ihm vermuthete Haupttempo in stemmig-steifer Viervierteligkeit unverrückt über das Ganze ausspannte, und für dieses Haupttempo eben die breiteste Nüance desselben zur unveränderlichen Norm nahm. Hieraus nun ergab sich aber noch Folgendes. Die Konklusion dieses Vorspieles, die Vereinigung der beiden Hauptthema's unter der Mitwirkung eines idealen Tempo ANDANTE ALLA BREVE, wie ich dieß zuvor näher bezeichnete, dient mir in der Weise des alt-populären Refrain's zum sinnig heiteren Abschluß des ganzen Werkes: zu der verschiedentlich erweiterten Behandlung dieser intensiveren thematischen Kombination, welche ich hier ge-

---

10: Begriff] Begriff davon A_1 A_2 D_1.

11: um was du] und was du D_2 D_3. um was zu] und was zu D_1 D_2 D_3.

14-18: Zur Dresdener Aufführung der *Meistersinger* vgl. oben S. 71, 3 und RWSW 28, Nr. 208, S. 93f.

14- S. 76, 26: Bei der Erörterung der Dresdener Aufführung der *Meistersinger* ist zu bedenken, dass Wagner bei dieser Aufführung selbst nicht zugegen war, die Details seiner Beschreibung also aus zweiter Hand stammen.

15: das einst manches Lebenvolle von mir sich vorgeführt hörte] Es ist unklar, ob Wagner damit allgemein seine Dirigententätigkeit während seiner Dresdener Jahre als Hofkapellmeister (1843-1849) meint oder nur seine eigenen, in dieser Zeit von ihm selbst aufgeführten Werke.

19: des Dirigenten] Julius Rietz; vgl. oben S. 6, 3.

wissermaßen nur als Begleitung benutze, lasse ich da Hans Sachs seine gemüthlich ernste Lobrede auf die „Meistersinger“, schließlich seine Trostesreime für die deutsche Kunst selbst singen. Trotz alles Ernstes des Inhaltes sollte diese Schluß-Apostrophe auf das Gemüth doch heiter beruhigend wirken, und eben diese Wirkung vertraute ich hauptsächlich dem Eindrucke jener gemüthlichen thematischen Kombination an, deren rhythmische Bewegung erst gegen das Ende, mit dem Eintritte des Chores, einen breiteren, feierlicheren Charakter annehmen soll. Mit einer sehr bewußten Absicht, welche Jeder, der mein sonstiges Wirken kennt, wohl begreifen wird, gehe ich hier auf jeden weiteren Sinn meiner dramatischen Arbeit wohlweislich nicht ein, und verweile, der reinen naiven „Oper“ zu Liebe, jetzt nur beim Dirigiren und Taktiren. Die bereits im Vorspiele gänzlich unbeachtet gebliebene Nöthigung zu einer dem ANDANTE ALLA BREVE zuführenden Modifikation eines anfänglich für marschmäßige Breite einer pomphaften Prozessionsmusik berechneten Tempo’s, ward nun hier für den Schlußgesang der Oper, der keinesweges unmittelbar mit jenem Marsche mehr zusammenhängt, ebenso wenig empfunden, und das dort verfehlte Zeitmaaß ward hier zur bindenden Norm, welcher gemäß der Dirigent im steifsten 4/4 Takt den lebendig fühlenden Sänger des Hans Sachs einspannte, um ihn unerbittlich zu zwingen, diese Schlußanrede so steif und hölzern wie möglich abzusingen. Von theilnehmendster Seite wurde ich nun ersucht, für Dresden doch ja diesen Schluß aufzuopfern und „streichen“ lassen zu wollen, weil er gar zu niederdrückend wirke. Ich weigerte mich hiergegen. Bald verstummten die Klagen. Endlich erfuhr ich aber auch den Grund hiervon: der Herr Kapellmeister war nämlich für den eigensinnigen Komponisten eingetreten, und hatte (natürlich um dem Werke zu nützen) die Schlußapostrophe aus eigenem künstlerischem Ermessen – „g e s t r i c h e n“.

„Streichen! Streichen!“ – das ist nämlich die ULTIMA RATIO unserer Herren Kapellmeister; hierdurch bringen sie ihre Unfähigkeit mit der ihnen unmöglichen richtigen Lösung der gestellten künstlerischen Aufgaben in ein unfehlbar glückliches Verhältniß. Sie denken da: „was ich nicht weiß, macht mich nicht heiß“; und dem Publikum muß dieß am Ende auch ganz recht sein. Es bleibt

---

1: benutze] benütze A_1 A_2.

1-2: gemüthlich ernste Lobrede auf die „Meistersinger“] Vers 2813ff. „Verachtet mir die Meister nicht“, Takt 2771ff.

2-3: Trostesreime für die deutsche Kunst] Vers 2846ff. „ehrt Eure deutschen Meister“, Takt 2846ff.

3: sollte] soll A_1.

7: mit dem Eintritte des Chores] Takt 2866.

17: zur bindenden] zu bindender A_2.

25: künstlerischem] künstlerischen A_1 A_2 D_1 D_2.

aber nur für mich zu überlegen, was ich von der Aufführung meines ganzen Werkes, welches so zwischen einem im tiefsten Grunde verfehlten Alpha und Omega eingeschlossen ist, schließlich zu halten habe? Äußerlich nimmt sich Alles sehr hübsch aus: ein ungemein erregtes Publikum, zum Schlusse sogar lohnender Hervorruf des Kapellmeisters, zu welchem mein eigener Landesvater applaudirend an die Logenbrüstung zurückkehrt. Nur nachträglich die ungemein fatalen Berichte über stattgehabte und immer neu eingeführte Kürzungen, Striche und Abänderungen, während ich immer den einen Eindruck einer vollkommen unverkürzten, aber allerdings auch vollkommen korrekten Aufführung in München dagegen abzuwägen habe, und somit unmöglich dazu gelangen kann, den Verstümmlern Recht zu geben. Dieser schlimmen Lage, an welcher gar nichts zu ändern scheint, da die Allerwenigsten begreifen, um welches schwere Übel es sich handelt, kommt nun allerdings andererseits das Eine zu Hilfe, nämlich die sonderbar tröstliche Erkenntniß dessen, daß trotz des unverständigsten Befassens mit dem Werke die wirkende Kraft desselben doch nicht zu brechen ist, – diese fatale Kraft der Wirkung, vor welcher im Leipziger Konservatorium so eifrig gewarnt wird, und der man nun zur Strafe selbst auf dem destruktiven Wege nicht einmal beizukommen weiß! Muß dieß dem Autor um so mehr als ein Wunder erscheinen, als er selbst es fürder nicht mehr über sich gewinnen kann, einer Aufführung seiner Werke, wie der kürzlich in Dresden von seinen „Meistersingern“ stattgefundenen, beizuwohnen, so zieht er wunderlicher Weise doch aus der bewährten, fast unbegreiflichen Wirkungsfähigkeit derselben einen ihn eigenthümlich tröstenden Schluß auf das Verhältniß der gleichen dirigirenden Musiker zu unserer großen klassischen Musik, deren stets neu erwärmendes Fortleben, trotz der verkümmernden Pflege durch Jene, ihm zugleich hieran erst recht begreiflich wird. Sie können so etwas nämlich nicht umbringen; und diese Überzeugung scheint wunderlicher Weise dem deutschen Genius zu einer Art tröstlichen Dogma's zu werden, bei dem er sich einerseits gläubig behaglich beruhigt, andererseits auf seine Weise für sich weiter schafft. –

5: des Kapellmeisters] Julius Rietz; vgl. oben S. 6, 3.

mein eigener Landesvater] König Johann von Sachsen (1801-1873).

8-10: einer vollkommen unverkürzten, aber allerdings auch vollkommen korrekten Aufführung in München] Gemeint ist die Uraufführung am 21. Juni 1868, die Wagner selbst betreut hatte und die von Hans von Bülow dirigiert worden war. Vgl. dazu: RWSW 28, Nr. 164ff., S. 77ff.

17: nun] nur A_2.

23: derselben] desselben D_1.

27: umbringen;] umbringen: D_2 D_3.

29: behaglich] behäglich A_2.

Was nun aber von den wunderlichen Dirigenten mit berühmten Namen, als Musiker betrachtet, zu halten sei, wäre noch zu fragen. Erwägt man ihre große Übereinstimmung unter sich in Allem, so möchte man fast auf die Annahme kommen, sie verstünden doch am Ende die Sache richtig, und, trotz allem Anstoß des Gefühles dagegen, sei ihr Treiben doch vielleicht gar klassisch. Die Annahme von ihrer Vortrefflichkeit steht so fest, daß die ganze Musikbürgerschaft Deutschlands gar nicht in das mindeste Schwanken geräth, wer, wenn die Nation sich einmal etwas vorspielen lassen will (wie etwa bei großen Musikfesten) den Takt dazu schlagen soll. Das kann nur Herr Hiller, Herr Rietz oder Herr Lachner sein. Beethoven's hundertjähriger Geburtstag wäre geradeweges gar nicht zu feiern, wenn diese drei Herren sich plötzlich die Hände verstauchten. Ich leider kenne dagegen nicht Einen, dem ich mit Sicherheit ein einziges Tempo meiner Opern anvertrauen zu dürfen glaubte, wenigstens keinen aus dem Generalstabe unserer Taktschläger-Armee. Hie und da bin ich dagegen einmal auf einen armen Teufel getroffen, an dem ich wirkliches Geschick und Talent zum Dirigiren wahrnahm: diese schaden sich für ihr Fortkommen sogleich dadurch, daß sie die Unfähigkeit der großen Herren Kapellmeister nicht nur durchschauen, sondern unvorsichtiger Weise auch davon sprechen. Wer z. B. aus den Orchesterstimmen des „Figaro", aus welchen solch' ein General mit besonderer Weihe – Gott weiß wie oft – die Oper spielen ließ, die übelsten, stets aber vom Chef unbemerkt gebliebenen Fehler auffindet, empfiehlt sich natürlich nicht. Diese begabten armen Tüchtigen verkommen eben, wie ihrer Zeit die Ketzer.

Da dieß Alles so in der Ordnung ist und endlich auch bleibt, möchte man daher nur immer wieder nach der Bewandtniß hiervon fragen. Wir sind im tiefsten Grunde versucht, daran zu zweifeln, daß diese Herren wirkliche Musiker seien: denn offenbar zeigen sie gar kein musikalisches Gefühl; aber sie hören wirklich sehr genau (nämlich mathematisch genau, wenn auch nicht idealisch: die Fatalität mit den falschen Orchesterstimmen begegnet immerhin nicht Jedem!); sie haben einen scharfen Überblick, lesen und spielen vom Blatte (wenigstens sehr Viele unter ihnen); kurz, sie erweisen sich als wahre Leute vom Fach; auch ist ihre Bildung – trotz Allem – von der Beschaffenheit, wie man sie eben doch nur einem Musiker hingehen lassen kann, so daß, wollte

---

1: den] diesen A_1 A_2.

10-11: geradeweges] geradesweges A_1 A_2 D_1.

21: vom Chef unbemerkt gebliebenen Fehler] Nach Cosima Wagners Tagebuch berichtete Hans Richter am 4. Juli 1869 von Fehlern, die „der *große* Münchner Lachner" in Mozarts *Le nozze di Figaro* übersehen habe (CT I, S. 122).

23: *folgende Leerzeile fehlt* A_2 D_1 D_2.

27: seien:] seien; A_1 A_2 D_1. Gefühl;] Gefühl: A_1 A_2 D_1.

man diese an ihnen leugnen, nichts übrig bliebe, am wenigsten etwa ein geistvoller Mensch. Nein, nein! Wahrhaftig, sie sind Musiker, und sehr tüchtige Musiker, die rein Alles, was zur Musik gehört, wissen und können. Und nun? Soll es an das Musiziren gehen, so werfen sie Kraut und Rüben durch einander, und fühlen sich in nichts sicher, als etwa in „Ewig, selig“, oder, wenn es hoch kommt: „Gott Zebaot!“ Gewiß macht sie von unserer großen Musik nur eben Das gerade konfus, was diese groß macht, und was allerdings mit Wortbegriffen sich ebenso wenig leicht ausdrückt, als durch Zahlen. Aber dieß bleibt doch wieder Musik, und nur Musik? Woher kommt nun diese Trockenheit, dieser Frost, diese vollständige Unfähigkeit vor der Musik überhaupt aufzuthauen, irgend einen Ärger, einen scheelsüchtigen Kummer, oder eine vermeintlich eigene Idee zu vergessen? – Sollte uns Mozart durch seine enorme Begabung für Arithmetik hier etwas erklären können? Es scheint, daß in ihm, dessen Nerven andererseits so überzart empfindlich gegen Miston waren, dessen Herz von so überwallender Güte schlug, die idealen Extreme der Musik sich ganz unmittelbar berührten, und eben zu einem so wundervollen Gemeinwesen sich ergänzten. Beethoven's naive Art, sich für das Addiren zu behelfen, ist dagegen ebenfalls bekannt genug geworden; arithmetische Probleme traten gewiß nie in irgend eine denkbare Beziehung zu seinem Musikentwerfen. Zu Mozart gehalten, erscheint er als ein MONSTRUM PER EXCESSUM nach der Seite der Sensibilität

---

1: diese] diesen A_1 A_2 D_1 D_2 D_3.

5: etwa in] etwa im A_2.

11: vermeintlich] scheinbar A_2.

12-13: Mozart durch seine enorme Begabung für Arithmetik] Wagner bezog sich vermutlich auf einen anekdotischen Bericht in einer der frühen Mozartbiographien, in der es von Mozart heißt: „So bemahlte er Stühle, Tische und den Fußboden mit Ziffern, als er rechnen lernte, und dachte und redete von nichts andern, als von arithmetischen Aufgaben; er ward nach der Zeit einer der geübtesten Rechenmeister“ (Franz Xaver Němetschek, *Lebensbeschreibung des K. K. Kapellmeisters Wolfgang Amadeus Mozart aus Originalquellen*, Prag ^{2}1808, S. 14). An späterer Stelle desselben Buches ist zu lesen: „von der Arithmetik ist Erwähnung geschehen. Auch in seinen spätern Jahren liebte er diese Kenntniß sehr und war wirklich ein ungemein geschickter Rechenmeister“ (S 91).

17: Beethoven's naive Art, sich für das Addiren zu behelfen] Diese These stützt sich auf Anton Schindlers Beethovenbiographie, in der es heißt, dass „der Tondichter [Beethoven] selber nicht über die Kunst des Addirens hinausgekommen war“ (Schindler 1860, II, S. 108).

18: geworden;] geworden: A_1 A_2.

20: MONSTRUM PER EXCESSUM] Wörtlich übersetzt: Ungeheuer aus Übermaß. Wagner zitiert hier wahrscheinlich Arthur Schopenhauer, in dessen *Parerga und Paralipomena: kleine philosophische Schriften* es in *Kapitel 26. Psychologische Bemerkungen. § 304* heißt: „Das Genie hingegen ist, wie ich auch bei der Erörterung desselben angegeben habe, im Grunde ein *monstrum per excessum*, wie, umgekehrt, der leidenschaftliche, heftige

hin, welche, durch ein intellektuales Gegengewicht von der Seite der Arithmetik her nicht fixirt, nur durch eine abnorm kräftige, bis zur Rauhheit robuste Konstitution vor frühzeitigem Untergange geschützt, als lebensfähig zu begreifen war. An seiner Musik ist auch nichts mehr durch Zahlen zu messen, während sich bei Mozart (wie wir dieß auch in den voranstehenden Untersuchungen berührten) manches bis zur Banalität Regelmäßige aus der naiven Mischung jener beiden Extreme der musikalischen Wahrnehmung erklären läßt. Die Musiker unserer gegenwärtigen Betrachtung erscheinen dagegen als Monstruositäten nach der Seite der reinen musikalischen Arithmetik hin, welche daher auch, im Gegensatze zu dem Beethoven'schen Naturell, mit einer ganz ordinären Nervenorganisation recht gut und lange auskommen. Sollten daher unsere berühmten und unberühmten Herren Dirigenten nur im Zeichen der Zahl für die Musik geboren sein, so wäre eifrig zu wünschen, daß es irgend einer neuen Schule gelänge, das richtige Tempo unserer Musik ihnen nach der REGULA-DE-TRI zu erklären; auf dem einfachen Wege des musikalischen Gefühles ihnen dieß beizubringen, dürfte wohl zu bezweifeln bleiben; weßhalb ich hier mich nun auch als zum Schluß gelangt betrachte.

Mensch, ohne Verstand, der hirnlose Wütherich, ein *monstrum per defectum* ist." (Arthur Schopenhauer, *Zürcher Ausgabe, Werke in zehn Bänden*, Zürich 1977, Bd. X, S. 632).

2: Rauhheit robuste] scheinbaren Härte robusten A_2 D_1.

3: geschützt] beschützt A_2.

6: manches bis zur Banalität Regelmäßige] Gemeint ist die Bindung an Konventionen der Harmonik wie des Periodenbaus. In Wagners Schrift *„Zukunftsmusik"* heißt es: „Noch bei den Vorgängern Beethoven's sehen wir diese bedenklichen Leeren zwischen den melodischen Hauptmotiven selbst in symphonischen Sätzen sich ausbreiten: wenn Haydn namentlich zwar schon diesen Zwischensätzen eine meist sehr interessante Bedeutung zu geben vermochte, so war Mozart, der sich hierin bei Weitem mehr der italienischen Auffassung der melodischen Form näherte, oft, ja fast für gewöhnlich, in diejenige banale Phrasenbildung zurückgefallen, die uns seine symphonischen Sätze häufig im Lichte der sogenannten Tafelmusik zeigt, nämlich einer Musik, welche zwischen dem Vortrage anziehender Melodieen auch anziehendes Geräusch für die Konversation bietet: mir ist es wenigstens bei den so stabil wiederkehrenden und lärmend sich breitmachenden Halbschlüssen der Mozart'schen Symphonie, als hörte ich das Geräusch des Servirens und Deservirens einer fürstlichen Tafel in Musik gesetzt. Das ganz eigenthümliche und hochgeniale Verfahren Beethoven's ging hiergegen nun eben dahin, diese fatalen Zwischensätze gänzlich verschwinden zu lassen, und dafür den Verbindungen der Hauptmelodieen selbst den vollen Charakter der Melodie zu geben." (GSD VII, S. 168; SSD VII, S. 126f.)
Vgl. auch die im Frühjahr 1871 verfasste Schrift *Über die Bestimmung der Oper*, in der von der „Quadratur einer konventionellen Tonsatzkonstruktion" die Rede ist, die „durch die Beethoven'sche Melodie so wunderbar lebenvoll überwachsen" worden sei (GSD IX, S. 179; SSD IX, S. 149; Wagner, *Späte Schriften*, S. 31).

14: REGULA-DE-TRI] Alter Begriff für die mathematische Aufgabe, aus drei bekannten Gliedern einer Proportion das vierte unbekannte Glied zu berechnen.

Dagegen steht noch zu hoffen, daß die Schule, die ich soeben als sehr wünschenswerth bezeichnete, wirklich im Anzuge ist. Wie ich erfahre, ist unter den Auspizien der königlichen Akademie der Künste und Wissenschaften in Berlin eine „Hochschule der Musik“ gegründet, und die oberste Leitung derselben dem berühmten Violinisten, Herrn Joachim bereits anvertraut worden. Eine solche Schule ohne Herrn Joachim zu begründen, wo dieser zu gewinnen war, hätte jedenfalls als bedenklicher Fehler erscheinen müssen. Was mich für Diesen hoffnungsvoll einnimmt, ist, daß Allem nach, was ich über sein Spiel erfahren habe, dieser Virtuos genau den Vortrag kennt und selbst ausübt, welchen ich für unsere große Musik fordere; somit dient er mir, neben Liszt und den zu seiner Schule Gehörigen, als einzig sonst mir bekannt gewordener Musiker, auf welchen ich für meine obigen Behauptungen als Beweis und Beispiel hinweisen kann. Es ist hierbei gleichgiltig, ob es Herrn Joachim, wie ich andererseits erfahre, verdrießlich ist, in diesen Zusammenhang gestellt zu werden; denn für Das, was wir wirklich können, kommt es schließlich nicht in Betracht, was wir vorgeben, sondern was wahr ist. Dünkt es Herrn Joachim nützlich, vorzugeben, er habe seinen Vortrag im Umgange mit Herrn Hiller oder R. Schumann so schön ausgebildet, so kann dieß auf sich beruhen, vorausgesetzt daß er nur immer so spielt, daß man daraus den guten Erfolg eines mehrjährigen vertrauten Umganges mit Liszt erkennt. Auch das dünkt mich vortheilhaft, daß man bei dem Gedanken an eine „Hochschule für Musik“ sogleich den Blick auf einen ausgezeichneten Künstler des Vortrages geworfen hat: wenn ich heute einem Theater-Kapellmeister begreiflich zu machen hätte, wie er etwas zu dirigiren habe, so würde ich ihn immer noch lieber an Frau Lucca, als an den verstorbenen Cantor Hauptmann in Leipzig, selbst wenn dieser noch lebte, verweisen. Ich treffe in diesem Punkte mit dem naivsten Publikum, und selbst mit dem Geschmacke unserer vornehmen Opernfreunde zusammen, indem ich

---

1: noch] nun A_1 A_2 D_1

4: eine „Hochschule der Musik“] Diese Berliner Institution wurde 1868 gegründet.

5: Herrn Joachim] Joseph J. (1831-1907), Geiger, Komponist, Dirigent, von 1849 bis 1853 Konzertmeister am Hoftheater in Weimar unter Franz Liszt, von 1853 bis 1866 Königlicher Konzertmeister in Hannover.

6: worden.] worden. Das lautet Alles ausserordentlich erfreulich. A_1 A_2 D_1.

ohne] ohne A_2.

11: einzig] einziger D_2 D_3.

24-25: immer noch lieber an Frau Lucca, als an den verstorbenen Cantor Hauptmann] Wagner will damit sagen, dass in seinen Augen die Mailänder Verlegerin Giovannina Lucca (1814-1894), in deren Verlag die italienischen Ausgaben seiner Werke erschienen, über mehr Kenntnisse von Theater, Oper und lebendiger Musik verfügte als der Thomaskantor Moritz Hauptmann (1792-1868). Als Komponist war Hauptmann, wie Wagner, Schüler von Theodor Weinlig, dessen Amt er 1842 übernahm.

mich an Denjenigen halte, der etwas von sich giebt, und von dem wirklich etwas uns zu Ohr und Empfindung dringt. Bedenklich würde es mir aber dennoch erscheinen, wenn ich Herrn Joachim, in der Höhe auf dem curulischen Sessel der Akademie, so ganz nur mit der Geige allein in der Hand gewahren sollte, da es mir überhaupt mit den Geigern so geht, wie Mephistopheles mit den „Schönen", welche er sich „ein für alle Mal im Plural" denkt. Der Taktstock soll ihm nicht recht parirt haben; auch das Komponiren scheint ihn mehr verbittert, als Andere erfreut zu haben. Wie nun die „Hochschule" allein vom Hochstuhle des Vorgeigers aus zu dirigiren sein soll, will mir nicht recht zu Sinn. Sokrates wenigstens war nicht der Meinung, daß Temistokles, Kimon und Perikles, weil sie ausgezeichnete Feldherren und Redner waren, auch den Staat zu seinem glücklichen Gedeihen zu leiten im Stande gewesen wären; denn leider konnte er an ihren Erfolgen nachweisen, daß dieses Staatregieren ihnen selbst sehr übel bekam. Doch ist dieß vielleicht bei der Musik anders. – Nur Eines macht mich wieder bedenklich. Man sagt mir, daß Herr J o a c h i m , dessen Freund J. B r a h m s alles Gute für sich aus einer Rückkehr zur Schubert'schen Liedermelodie verhoffe, seinerseits einen n e u e n M e s s i a s für die Musik überhaupt erwarte. Diese Erwartung sollte er füglich doch Denjenigen überlassen, welche

---

3: curulischen Sessel] Amtssessel der höchsten Beamten im alten Rom.

4-6: gewahren sollte, da es mir überhaupt mit den Geigern so geht, wie Mephistopheles mit den „Schönen", welche er sich „ein für alle Mal im Plural" denkt.] gewahren sollte. A_1 A_2 D_1.
Im 4. Akt *Hochgebirg* in *Faust II* heißt es Vers 10174f.: Ich sage Fraun; denn ein für allemal / Denk' ich die Schönen im Plural. (zitiert nach: *Goethes Werke*, Bd. III, S. 307).

6-7: Der Taktstock soll ihm nicht recht parirt haben] Hier handelt es sich um eine bloße Behauptung, da Joachim sowohl in Hannover als auch in Berlin beim Aufbau des Hochschulorchesters erfolgreich war (siehe oben S. 81, 5). Wagner stützte sich wahrscheinlich auf Meinungen Hans von Bülows, der sich als Rivale Joachims sah (Mitteilung von Beatrix Borchard, Hamburg).

7-8: auch das Komponiren scheint ihn mehr verbittert, als Andere erfreut zu haben] Joachim hatte hinsichtlich des Komponirens gewaltige Skrupel, weshalb sein kompositorisches Werk von kleinem Umfang ist.

9: Sokrates] Dessen Ansichten über Themistokles, Kimon und Perikles finden sich in Platons Dialog *Gorgias*.

15: daß] *ausgelassen* A_2 D_1 D_2 D_3.

16-17: Rückkehr zur Schubert'schen Liedermelodie] Woher Wagner diese vermeintliche Information hatte, konnte nicht ermittelt werden.

Liedermelodie] Melodie A_1.

ihn zum Hochschulmeister machten? Ich dagegen rufe ihm zu: Frisch daran! Sollte es ihm selbst begegnen, der Messias zu sein, wenigstens dürfte er dann hoffen, von den Juden nicht gekreuzigt zu werden! –

2-3: dürfte er dann hoffen, von den Juden nicht gekreuzigt zu werden] Anspielung auf Joachims jüdische Herkunft.

Abgekürzt zitierte Literatur

AmZ
Allgemeine musikalische Zeitung, Leipzig.

BB
Richard Wagner, *Das braune Buch. Tagebuchaufzeichnungen 1865 bis 1882*, hg. von Joachim Bergfeld, Zürich / Freiburg i. Br. 1975.

Beethoven, *Briefwechsel*
Ludwig van Beethoven, *Briefwechsel. Gesamtausgabe* Bd. 2, hg. von Sieghard Brandenburg, München 1996.

CT
Cosima Wagner, *Die Tagebücher*, hg. von Martin Gregor-Dellin und Dietrich Mack, 2 Bde., München / Zürich 1976-1977.

Fischer 2000
Jens Malte Fischer, *Richard Wagners „Das Judentum in der Musik". Eine kritische Dokumentation als Beitrag zur Geschichte des Antisemitismus*, Frankfurt a. M. / Leipzig 2000.

Goethes Werke
Textkritisch durchgesehen und mit Anmerkungen versehen von Erich Trunz, Hamburg [6]1962.

GSD
Richard Wagner, *Gesammelte Schriften und Dichtungen*, 10 Bde., Leipzig 1871-1873 und 1883 (Bd. 10).

Christa Jost 1999
Christa Jost, *Wagner und Mendelssohn – Anmerkungen zu einem Zerrbild*, in: *Richard Wagner und seine „Lehrmeister"*, hg. von Christoph-Hellmut Mahling und Kristina Pfarr, Mainz 1999, S. 155-172 (*Studien zur Musikwissenschaft*, hg. vom Musikwissenschaftlichen Institut der Johannes Gutenberg-Universität Mainz, Bd. 2).

Jost, *Fritzsch*
Christa Jost / Peter Jost, *Richard Wagner und sein Verleger Ernst Wilhelm Fritzsch*, Tutzing 1997.

Judenthum 1869
Richard Wagner, *Das Judenthum in der Musik*, Leipzig 1869.

Kirchmeyer II
Helmut Kirchmeyer, *Situationsgeschichte der Musikkritik und des musikalischen Pressewesens in Deutschland, dargestellt vom Ausgange des 18. bis zum Beginn des 20. Jahrhunderts. Das zeitgenössische Wagner-Bild* Bd. 2: *Dokumente 1842-1845*, Regensburg 1967.

Kirchmeyer IV, 3
dito, IV. Teil, Bd. 3: Dokumente 1846-1850, Regensburg 1968.

ML
Richard Wagner, *Mein Leben*, hg. von Martin Gregor-Dellin, München 1969.

NZfM
Neue Zeitschrift für Musik, Leipzig.

Richard Wagner und Magdeburg
Astrid Eberlein, Wolf Hobohm, *Wie wird man ein Genie? Richard Wagner und Magdeburg*, Oschersleben 2010.

RWSW 7
Richard Wagner, *Sämtliche Werke* Bd. 7 *Lohengrin*, hg. von John Deathridge und Klaus Döge, Mainz 1996-2000.

RWSW 20, I
Richard Wagner, *Sämtliche Werke* Bd. 20, I: *Klavierauszug von Ludwig van Beethovens Symphonie Nr. 9 d-Moll, op. 125 zu zwei Händen WWV 9 mit einer Dokumentation zu Wagners Beschäftigung mit dem Werk als Bearbeiter und Dirigent*, hg. von Christa Jost, Mainz 1989.

RWSW 25
Richard Wagner, *Sämtliche Werke* Bd. 25: *Dokumente und Texte zu „Tannhäuser und der Sängerkrieg auf Wartburg"*, hg. von Peter Jost, Mainz 2007.

RWSW 28
Richard Wagner, *Sämtliche Werke* Bd. 28: *Dokumente und Texte zu „Die Meistersinger von Nürnberg"*, hg. von Egon Voss, Mainz 2013.

SBr
Richard Wagner, *Sämtliche Briefe* Bd. 1-2, 5, hg. von Gertrud Strobel und Werner Wolf, Leipzig 1967, 1970, 1993; Bd. 11, hg. von Martin Dürrer, Wiesbaden u. a. 1999; Bd. 13, hg. von Martin Dürrer und Isabell Kraft, Wiesbaden u. a. 2003; Bd. 14, 21, hg. von Andreas Mielke, Wiesbaden u. a. 2002, 2013; Bd. 22, hg. von Martin Dürrer, Wiesbaden u. a. 2012.

Schindler 1860
Anton Schindler, *Biographie von Ludwig van Beethoven*, Theil I und II, Münster ^{3}1860.

SSD
Richard Wagner, *Sämtliche Schriften und Dichtungen, Volks-Ausgabe*, 16 Bde., 6. Auflage, Leipzig o. J. [1912/1914].

The New Grove VI
The New Grove. Dictionary of Music and Musicians, ed. by Stanley Sadie, Vol. VI, London ^{2}2002.

Wagner, *Späte Schriften*
Richard Wagner, *Späte Schriften zur Dramaturgie der Oper*, hg. von Egon Voss, Stuttgart 1996.

WWV
John Deathridge, Martin Geck, Egon Voss, *Wagner-Werk-Verzeichnis (WWV): Verzeichnis der musikalischen Werke Richard Wagners und ihrer Quellen*, Mainz u. a. 1986.

Zum Text

Quellen

a) Handschriften:

A_1 = Autographe Erstschrift (Urschrift), Nationalarchiv der Richard-Wagnerstiftung Bayreuth, Signatur: B II d 5. 9 Bögen + 9 Blätter (52 beschriebene Seiten) im Format 8°. Niederschrift in Tinte, lateinische Schrift. Titel (von der Hand Cosima Wagners): *Ueber das Dirigiren.*

A_2 = Autographe Zweitschrift (Reinschrift), Richard-Wagner-Gedenkstätte der Stadt Bayreuth, Signatur: Hs 94 / I / 38. 16 Bögen + 3 Blätter (67 beschriebene Seiten) im Format 4°. Niederschrift in Tinte, Korrekturen teilweise in Bleistift, lateinische Schrift. Titel: *Ueber das Dirigiren.* Knickfalten, die auf den Versand mit der Post hindeuten. Vorlage für die erste Druckausgabe D_1. Später hinzugefügter Umschlagbogen für die zweite Druckausgabe D_2 im Format 8°. Seite 1: *Hier der Titel für die Brochüre! / — / Ueber das Dirigiren. / Von / Richard Wagner. / — / Motto nach Göthe: / „Fliegenschnauz' und Mückennas' / Mit euren Anverwandten, / Frosch im Laub und Grill' im Gras, / Ihr seid mir Musikanten!" / — / Leipzig* --- Unten auf der Seite von fremder Hand in Blei: *1869.* Seite 3 von fremder Hand: *Ueber das Dirigiren / von / Richard Wagner. / Verlag von C. F. Kahnt in Leipzig.* Seite 2 und 4 leer.

b) Druckausgaben:

D_1 = Erstdruck in 9 Folgen in: NZfM 65, Nr. 48 (26. November 1869), S. 405-408; Nr. 49 (3. Dezember 1869), S. 417-419; Nr. 50 (10. Dezember 1869), S. 425-427; Nr. 51 (17. Dezember 1869), S. 437-439; Nr. 52 (24. Dezember 1869), S. 445-447; Jg. 66, Nr. 1 (1. Januar 1870), S. 4-8; Nr. 2 (7. Januar 1870), S. 13-16; Nr. 3 (14. Januar 1870), S. 25-27; Nr. 4 (21. Januar 1870), S. 33-36. Titel: *Ueber das Dirigiren. / Von / Richard Wagner.*

D_2 = Zweitdruck (als selbständige Broschüre), Leipzig 1870, 86 Seiten. Titelseite: *Ueber das Dirigiren / von / Richard Wagner. / Motto nach Goethe: / „Fliegenschnauz' und Mückennas' / Mit euren Anverwandten, / Frosch im Laub und Grill' im Gras, / Ihr seid mir Musikanten!" / Leipzig. / Verlag von C. F. Kahnt.* Die ersten Exemplare trafen am 25. März 1870 bei Wagner ein (vgl. CT I, S. 212).
Verwendetes Exemplar: Richard-Wagner-Gedenkstätte der Stadt Bayreuth, Signatur: Hs 205 / BE. Dieses Exemplar war, wie der Vermerk des Seitenfalls bezeugt, die Vorlage für D_3.

D_3 = Dritte Veröffentlichung innerhalb von GSD VIII, Leipzig 1873, S. 325-410. Vorlage war das unter D_2 genannte Exemplar.

Zur Wiedergabe

Die fünf Quellen des Textes folgen sich in der angegebenen Reihenfolge chronologisch. Die erste Niederschrift (A_1) hat den Charakter einer Skizze bzw. ersten Fassung, weil manches nur abgekürzt notiert ist, manches noch fehlt oder anders formuliert ist. Aufgrund ihrer Vorläufigkeit kommt diese Quelle für eine Edition nicht in Betracht. Gleichwohl werden ihre Lesarten dort, wo sie dem Verständnis des Textes dienen, unter den Lesarten genannt. Unter den übrigen vier Quellen, die sich formal wie inhaltlich sehr viel näher stehen, ist die Fassung von GSD (D_3) maßgeblich. Diese besitzt, da sie gegenüber den vorangehenden Fassungen A_2, D_1 und D_2 durch Kürzungen und Ergänzungen – wenn auch nur leicht – verändert ist, nicht nur Eigenständigkeit, sondern als „Ausgabe letzter Hand" auch die größtmögliche Verbindlichkeit. Dennoch ist auch D_3 nicht frei von Fehlern. Schon in die erste Druckausgabe (D_1) haben sich Lesefehler eingeschlichen, wie „eine schmeichelnde" statt „einschmeichelnde" oder „schwungvoll" statt „ahnungsvoll" (vgl. oben Anm. zum Editionstext S. 5, 18 bzw. S. 48, 16). Diese in den Folgeausgaben bis hin zu D_3 stehengebliebenen Fehler wurden anhand der älteren Quellen korrigiert, selbstverständlich aber mit jeweiligem Hinweis auf die Korrektur.

Da die vorliegende Edition nicht den Anspruch einer historisch-kritischen Ausgabe erhebt, sondern lediglich eine Studienausgabe sein will, wird darauf verzichtet, sämtliche Varianten aufzulisten. Formalien und bloße Schreibweisen bleiben daher unerwähnt. Verzeichnet werden nur solche Lesarten, die zum besseren Verständnis des Textes beitragen, also sinnstiftend sind oder doch in diesem Sinne verstanden werden können.

Die Orthographie folgt D_3. Die dort lateinisch wiedergebenen Wörter und Buchstaben – in GSD werden gothische Lettern für die Grundschrift verwendet – erscheinen jedoch in Kapitälchen; der dort verwendete doppelte Trennstrich (=) ist durch einfachen Trennstrich (-) ersetzt, und der in den Angaben der Tonarten zwischen dem Tonbuchstaben und dem Tongeschlecht fehlende Bindestrich wird ergänzt.

Allgemeiner Kommentar

Entstehung

Die hier als Studienausgabe vorgelegte Schrift *Über das Dirigiren* entstand zwischen Oktober 1869 und Januar 1870.[1] Sie wurde sogleich in der *Neuen Zeitschrift für Musik* publiziert, und zwar in 9 Folgen zwischen dem 26. November 1869 und dem 21. Januar 1870. Danach erschien sie im März 1870 als Buch bzw. in Broschürenform. Für die dritte Ausgabe in Band 8 der *Gesammelten Schriften und Dichtungen* (GSD, 1873), auf der die vorliegende Neuausgabe fußt, wurde sie überarbeitet.

Die theoretische Auseinandersetzung mit dem Dirigieren scheint Wagner schon in seiner Dresdener Kapellmeisterzeit beschäftigt zu haben. Eine Eintragung im Tagebuch von Ferdinand Hiller, mit dem Wagner in dieser Zeit regelmäßig verkehrte, legt das nahe. Hiller notierte unter dem 18. März 1845: „Wagner über das Dirigiren"[2], ohne allerdings Genaueres mitzuteilen.

Aber auch die Idee, sich zum Thema „Dirigieren" schriftlich zu äußern, entstand nicht erst 1869, sondern war ebenfalls schon ein altes Projekt; denn der Titel „Ueber das Dirigiren" begegnet bereits in einem Taschenbuch, das Wagner Mitte der 1850er-Jahre für Notizen und Skizzen benutzte.[3] Er findet sich dort innerhalb einer nach Bänden geordneten Liste von Wagners Schriften. Da in dieser Aufstellung der Anfang Februar 1857 geschriebene Offene Brief über Franz Liszts symphonische Dichtungen[4] noch fehlt (von noch später entstandenen Texten ganz zu schweigen), ist zu schließen, dass die Liste vor diesem Zeitpunkt aufgezeichnet wurde, spätestens also wohl um die Jahreswende 1856-1857, möglicherweise jedoch auch früher. Unmittelbarer Ausgangspunkt könnten Wagners Erfahrungen als Dirigent der Londoner Philharmonic Society in der Saison 1855 gewesen sein (s. u.).

Dass mit dem Titel „Ueber das Dirigiren" in der genannten Liste der Schriften lediglich ein Plan gemeint war und nicht etwa ein bereits fertig vorliegender Text, wird durch einen weiteren Plan zur Bandeinteilung einer Ausgabe der Schriften bestätigt, den Wagner am 6. Februar 1865 König Ludwig II. von Bayern mitteilte. Darin führte er als Nummer 3 des 2. Bandes an: „‚Ueber das Dirigiren.' – (noch nicht aufgeschrieben.)".[5] Drei Jahre später notierte er den nämlichen Titel innerhalb einer mit

---

[1] CT I, S. 165f., 169-174, 178, 180ff., 185, 189.

[2] Reinhold Sietz, *Aus Ferdinand Hillers Briefwechsel (1826-1861). Beiträge zu einer Biographie Ferdinand Hillers*, Köln 1958, S. 58 (*Beiträge zur rheinischen Musikgeschichte* Heft 28).

[3] Faksimile in Jost, *Fritzsch*, S. 16.

[4] NZfM 46 (10. April 1857), S. 157-163.

[5] *König Ludwig II. und Richard Wagner. Briefwechsel*, hg. von Otto Strobel, Bd. 1, Karlsruhe 1936, S. 47.

26. April 1868 datierten „Anordnung der Gesammtausgabe meiner Schriften", versah ihn aber mit einem vorangestellten Fragezeichen.[6]

Den Plan zur Ausgabe seiner Schriften griff Wagner im folgenden Jahr 1869 ein weiteres Mal auf, zunächst im Februar in einem Brief an den Berliner Publizisten Julius Lang[7], dann im Oktober in einem Schreiben an seinen Schwager, den Buchhändler Eduard Avenarius.[8] Die diesen Briefen beigefügten Aufstellungen und Einteilungen der Schriften sind nicht überliefert, so dass nicht zu ersehen ist, ob auch der alte Plan zu einem Text „Ueber das Dirigiren" dabei war. Es erscheint aber nicht ausgeschlossen, dass Wagner das seit langem ins Auge gefasste Projekt einer Schrift über das Dirigieren gerade im Hinblick auf die Schriftenausgabe realisieren wollte, da er fürchtete, dafür über zu wenig Material zu verfügen. Ein anderer Grund dürfte Wagners Ärger über den Umgang einiger Dirigenten mit seinen Partituren gewesen sein, vor allem bei den Aufführungen von *Die Meistersinger von Nürnberg* in Dresden (21. Januar 1869) unter Julius Rietz und in Mannheim (5. März 1869) unter Vincenz Lachner sowie anlässlich der Uraufführung von *Das Rheingold* am 22. September 1869 in München unter Franz Wüllner.

Über Eigenart und Umfang der Schrift scheint sich Wagner zunächst nicht im Klaren gewesen zu sein; denn am Ende des ersten Absatzes schrieb er, er behalte es sich vor, seine Gedanken zum Thema „gelegentlich fortzusetzen". Das stimmt mit den Formulierungen im Tagebuch Cosima Wagners überein, in dem die einzelnen Folgen als „Aufsätze" bezeichnet sind.[9] Dass die Schrift eher locker als streng konzipiert und ausgeführt ist, wird dem Leser nicht entgehen.

Wagner als Dirigent

Wagner verfasste seine Schrift *Über das Dirigiren* – wie er schon im ersten Absatz ausdrücklich sagt – nicht als Theoretiker, sondern auf der Grundlage seiner praktischen Erfahrungen als Dirigent. Dass er das Dirigieren nicht offiziell bei einem Lehrer oder an einer Schule gelernt hatte, unterschied ihn nicht von anderen Dirigenten seiner Zeit. Es war üblich, sich das dazu nötige Handwerk selbst und in der musikalischen Praxis beizubringen. Wagner scheint im übrigen auch keinerlei Scheu gekannt zu haben, vor ein Orchester zu treten. So leitete er bereits als Neunzehnjähriger Aufführungen eigener Werke wie der Symphonie in C-Dur WWV 29 im Leipziger Musikverein *Euterpe*. Ausgiebige Praxis erwarb er sich anschließend ab Juli-August 1834 als Musikdirektor und Kapellmeister an so unterschiedlichen Theatern wie in Bad Lauchstädt, Rudolstadt, Magdeburg (bis 1836), Königsberg (1837), Riga (1837-1839)

---

6 BB, S. 158.

7 SBr 21, S. 89ff.

8 Ebd., S. 275f.

9 CT I, S. 166, 169-174, 178, 180ff., 185.

und Dresden (Hofkapellmeister 1843-1849). Die Bedingungen waren oft unzureichend, gerade sie aber zwangen Wagner dazu, auf Abhilfe von seiten des Dirigenten zu sinnen und auf diese Weise sein eigenes technisch-handwerkliches Rüstzeug weiterzuentwickeln und zu vervollkommnen. Nach seiner Flucht aus Dresden 1849 leitete er bis 1855 mehrfach Opern- und Konzertaufführungen in seinem Exilort Zürich, und sein Ruf als Dirigent trug ihm 1855 eine Einladung der Philharmonic Society in London ein, dort im ersten Halbjahr 1855 acht Abonnementskonzerte zu dirigieren. Die Karriere als Dirigent verfolgte Wagner jedoch nicht weiter. Vielmehr dirigierte er nach 1855 nur noch eigene Opern (so *Lohengrin* 1862 in Frankfurt am Main, *Der fliegende Holländer* 1864 in München) oder trat nur mehr in Konzerten auf, die vornehmlich oder ausschließlich seiner eigenen Musik galten. Diese Konzerte führten ihn durch ganz Europa, nämlich – in alphabetischer Reihenfolge – nach Bayreuth, Berlin, Breslau, Brüssel, Budapest, Hamburg, Karlsruhe, Köln, Leipzig, Löwenberg (Schlesien), London, Mannheim, Moskau, München, Paris, Prag, St. Petersburg und Wien. Was die Oper anbetraf, so überließ er das Dirigieren mehr und mehr anderen, während er selbst sich der Regie widmete, so bei den Uraufführungen von *Tristan und Isolde* 1865 und *Die Meistersinger von Nürnberg* 1868, beide in München (Dirigent Hans von Bülow), so bei der ersten Aufführung von *Der Ring des Nibelungen* 1876 (Dirigent Hans Richter) und von *Parsifal* 1882 (Dirigent Hermann Levi), beide in Bayreuth.

Intentionen

Das Dirigieren steht laut Titel im Zentrum von Wagners Schrift. Aber es ist nicht das einzige Thema. Wagner schrieb kein sachlich-neutrales Lehrbuch über das Dirigieren, sondern er befasste sich mit dem Gegenstand vornehmlich deshalb, weil er sein eigenes künstlerisches Werk in den Händen von Dirigenten sah, die dem in seinen Augen nicht gewachsen waren. Das war freilich weder neu noch originell. Auch Beethoven, Wagners großes Vorbild, hatte über schlechte Dirigenten geklagt, und sein Räsonnement im Brief an Breitkopf & Härtel vom 7. Januar 1809: „wir haben Kapellmeister die so wenig zu dirigiren wißen als sie kaum selbst eine Partitur lesen können“[10], könnte in seiner Überspitztheit aus Wagners Feder stammen.

Wagner war Pragmatiker und wusste, wie sehr er hinsichtlich seiner eigenen Werke gerade auf die Dirigenten angewiesen war. Dass sie ihm durch die Bank unzulänglich erschienen, bedeutete nichts geringeres als die Bedrohung seines Werkes generell. Die Schrift *Über das Dirigiren* formuliert vor allem dieses Problem. Es geht also, wie so oft in Wagners Schriften, um die Durchsetzung des eigenen Werkes, darum, das Verständnis für dessen künstlerische Intentionen und die dahinter stehende spezifische Ästhetik zu wecken und zu fördern. Damit verfolgte Wagner nichts anderes als den legitimen Wunsch, das eigene Werk so zur Darstellung gebracht zu sehen, wie

[10] Beethoven, *Briefwechsel*, S. 37.

er sich es vorstellte. Doch Wagner, der nie bescheiden war, wollte mehr. Es genügte ihm offenkundig nicht, die Art und Weise der Aufführung nur seiner eigenen Werke durchzusetzen, vielmehr wollte er sein Musikverständnis insgesamt zur Geltung bringen. Die Welt sollte auch erfahren, wie Haydn, Mozart, Beethoven und Weber zu dirigieren seien; denn Wagner war überzeugt, dass allein seine Auffassung die richtige sei.

Diese Überzeugung präsentierte Wagner in seiner Schrift jedoch nicht neutral, sine ira et studio, als einen Vorschlag etwa, über den sich diskutieren ließe, sondern im Sinne der Abwehr von illegitimen Angriffen auf eine eigentlich sakrosankte Position, die er existenziell bedroht sah. Man müsste *Über das Dirigiren* eine Verteidigungsschrift nennen, wenn sie nicht einen so ungeschminkt aggressiven Charakter trüge. Diese Aggression hat ihren Grund darin, dass sich Wagner von den Kritikern und Gegnern seiner Kunst regelrecht verfolgt glaubte. Dafür liefert *Über das Dirigiren* mehrere Beispiele. Für den Misserfolg der *Tannhäuser*-Ouvertüre 1846 im Leipziger Gewandhaus machte Wagner Felix Mendelssohn Bartholdy verantwortlich, dem er unterstellte, sie unzulänglich aufgeführt zu haben, „um sie als abschreckendes Beispiel hinzustellen". Ähnlich argumentierte er angesichts des Misserfolgs des *Meistersinger*-Vorspiels in Leipzig unter Carl Reinecke 1862. Ihm warf er „absichtliche Entstellung" vor. Man mag es kaum glauben, aber Wagner war offensichtlich davon überzeugt, dass es Dirigenten gebe, deren Intention es sei, zu „beweisen, welche üble Bewandtniß es mit meinen ‚Meistersingern' habe". Freilich überrascht diese Haltung nicht, wenn man weiß, dass Wagner die Welt generell als „mir so feindselig" erlebte.[11] Zur Rechtfertigung der erneuten Publikation von *Das Judenthum in der Musik* hatte er im Februar 1869 geschrieben: „nicht meine Person u. mein Privatleben habe ich zu vertheidigen, sondern meine Stellung in der Kunstgeschichte, die Erfolge meines Wirkens."[12]

Wagner fühlte sich in seiner Position isoliert und meinte, alle anderen gegen sich zu haben. Und diese anderen waren sich noch dazu einig. Jedenfalls attestierte er in *Über das Dirigiren* den Dirigenten seiner Zeit, seinen Widersachern, „ihre große Übereinstimmung unter sich in Allem".

Felix Mendelssohn Bartholdy[13]

Eines der zentralen Themen der Schrift *Über das Dirigiren*, wenn nicht gar ihr Hauptthema, ist Wagners Auseinandersetzung mit Mendelssohn, die den Charakter einer Selbstbehauptung gegenüber einem als übermächtig empfundenen Gegner und Konkurrenten trägt. Der aggressiv-polemische Ton der Schrift erklärt sich wesentlich aus dieser Tatsache.

---

11 SBr 13, S. 303.

12 SBr 21, S. 90.

13 Zum Thema „Wagner – Mendelssohn" vgl. Christa Jost 1999.

Der äußere Altersunterschied zwischen Mendelssohn und Wagner betrug zwar nur vier Jahre, doch für Wagner gehörte Mendelssohn eher zur Eltern- und Vätergeneration als zu der der Altersgenossen. Im Jahre 1828, als Wagner begann, sich ernsthaft für Musik zu interessieren, hatte Mendelssohn bereits Meisterwerke wie das Streichoktett op. 20 und die Ouvertüre zu Shakespeares *Sommernachtstraum* geschrieben, und als Mendelssohn 1835 Gewandhauskapellmeister in Leipzig wurde, also nahezu auf dem Gipfel seiner Karriere stand, hatte Wagner gerade einmal ein Jahr als Musikdirektor in der Provinz hinter sich. Wagner kam, im Gegensatz zu Mendelssohn, erst spät zur Musik, eine Musikausbildung von Jugend an gab es für ihn nicht, und auch die Ausbildung, die ab 1828 folgte, war weder von der Qualität noch von der Dauer, dass sie ihm das Gefühl hätte geben können, er beherrsche sein Handwerk genauso gut wie Mendelssohn. Eine Äußerung Wagners aus seiner späten Bayreuther Zeit bestätigt das. Hans von Wolzogen, als Inbegriff des Wagnerianers und als Antisemit gewiss ein unverdächtiger Zeuge, teilte 1883 die folgenden Worte Wagners mit: „[...] wie stümperhaft kam ich mir vor als junger Mann, nur vier Jahre jünger als Mendelssohn, der ich erst mühsam anfing Musik zu treiben, während jener schon ein ganz fertiger Musiker war und auch als gesellschaftlicher Mensch die Anderen völlig in die Tasche steckte."[14]

Gerade was das musikalische Handwerk anbetraf, blieb Mendelssohn für Wagner immer ein Vorbild. Unmissverständlich belegt das eine Äußerung aus der Zeit der Komposition der *Götterdämmerung* im Juni 1871. Cosima Wagner hielt in ihrem Tagebuch fest, wie Wagner im Unmut über Probleme bei der Komposition ausrief: „Was ich für ein Stümper bin, glaubt kein Mensch, ich kann gar nicht transponieren. Das Komponieren ist bei mir auch ein seltsamer Zustand; beim Phantasieren habe ich alles, endlos, nun heißt es fixieren, da kommen einem die physischen Griffe schon in den Weg, wie war es denn, heißt es dann, nicht wie ist es, wie soll es sein, wie war es, und nun suchen, bis man es wiederfindet. Mendelssohn würde die Hände über dem Kopf zusammenschlagen, wenn er mich komponieren sähe."[15] Vor diesem Hintergrund ist die wiederholte Titulierung Mendelssohns als „Meister" in *Über das Dirigiren* zu sehen, auch wenn angesichts der in der Schrift geübten heftigen Kritik an Mendelssohn, ja Polemik gegen ihn, diese Titulierung selbstverständlich eine ironische Färbung hat.

Wagners Auseinandersetzung betraf nicht zuletzt die Verehrung, die er Mendelssohn entgegengebracht hatte und – wenn auch im Stillen und vor sich selbst nicht eingestanden – weiterhin hegte.[16] In den 1840-Jahren hatte er Briefe an Mendelssohn mit „Ihr glühendster Verehrer" und „aufrichtigster Bewunderer"[17] unterzeichnet und

---

14 Hans von Wolzogen, *Erinnerungen an Richard Wagner. Ein Vortrag*, Wien 1883, S. 37; zitiert auch in: Christa Jost 1999, S. 159.

15 CT I, S. 404f. (23. Juni 1871).

16 Wie oben Anm. 14.

17 SBr 2, S. 179, 426.

nach der Dresdener Aufführung des *Paulus* 1843 sogar einen rühmenden Artikel über das Werk verfasst (der allerdings erst postum veröffentlicht wurde).[18] Dass Cosima Wagner im Juni 1881 in ihrem Tagebuch seine „Vorliebe für den einen Chor im ‚Paulus' nach der Steinigung vom h. Stephan [‚Dir, Herr, dir will ich mich ergeben']"[19] festhielt, ist der späte Reflex einer Begeisterung, die nicht gänzlich unaufrichtig gewesen sein kann. Besonders bemerkenswert in diesem Zusammenhang ist die überraschende Tatsache, dass Wagner in *Über das Dirigiren* Mendelssohn in die direkte Nachfolge Carl Maria von Webers stellte und damit in jene deutsche Musikgeschichte, um die es ihm so sehr zu tun war.

Wagner hatte Mendelssohn 1835 persönlich kennengelernt und sich in den folgenden Jahren immer wieder um dessen Anerkennung bemüht. Das gelang jedoch allem Anschein nach nicht. Im April 1836 sandte Wagner seine C-Dur-Symphonie WWV 29 an Mendelssohn[20], doch blieb dies nach allem, was bekannt ist, ohne Reaktion. Die Aufführung der *Tannhäuser*-Ouvertüre 1846 im Gewandhaus in einem Konzert mit Mendelssohns Beteiligung war ein Misserfolg. Wagner scheint daraus den Schluss gezogen zu haben, dass Mendelssohn ihm die Anerkennung versage, ihn geringschätze oder gar nicht ernstnehme. Dieser Aspekt wird in der Schrift *Über das Dirigiren* selbstverständlich nicht ausgeführt, dürfte jedoch von Einfluss gewesen sein.

Im Zentrum der Auseinandersetzung stehen Mendelssohns Ästhetik, seine Kunstauffassung, sein Musikverständnis, und nicht zuletzt seine Art zu dirigieren. Hier sah Wagner einen diametralen Gegensatz zu seinen eigenen Interessen und Bestrebungen, vor allem zu seiner eigenen Entwicklung als Komponist und Dirigent, eine Entwicklung, die ihn weit von Mendelssohn weggeführt hatte. Erst recht galt dieser Gegensatz für die Schüler und Nachfolger Mendelssohns, von denen Wagner das Musikleben in Deutschland okkupiert und beherrscht glaubte. Hier vermeinte er nur Konservatives, Rückwärtsgewandtheit, Klassizismus zu erblicken, ohne dass dabei echte Traditionen gepflegt wurden. Seine Polemik richtete sich gegen „Singakademien und Konzertanstalten", ebenso gegen die Gründung von Musikkonservatorien, an denen Mendelssohn beteiligt gewesen war. Diese Lehranstalten vermittelten in seinen Augen nur Theorie. Nach seiner Überzeugung war allein die Praxis im Orchester und am Theater imstande, gute und echte Musiker hervorzubringen. Darum kam Mendelssohn als Dirigent schon deshalb nicht in Betracht, weil er ein Konzert- und kein Operndirigent gewesen war, und was aus Wagners Sicht als noch schlimmer erschien, war, dass sein Beispiel Schule gemacht hatte. Von Mendelssohn und seinen Nachfolgern hatte er daher von vornherein kein Verständnis für seine eigenen Werke, die so eminent mit dem Theater verbunden sind, zu erwarten.

Wagner sah in dem so erfolgreichen Mendelssohn naturgemäß einen Konkurrenten, und dieser Konkurrent war im Zuge der Durchsetzung seines eigenen Werks

---

[18] SSD XII, S. 149f.

[19] CT II, S. 753 (27. Juni 1881).

[20] SBr 1, S. 259f.

und der eigenen Positionen entsprechend zu bekämpfen, seine Schüler und Nachfolger eingeschlossen, von denen sich Wagner, wie schon gesagt, umschlossen und sogar verfolgt fühlte. Zudem waren Mendelssohns weltmännisches Auftreten, seine Toleranz und sein Kosmopolitismus für Wagner, der über diese Eigenschaften nicht verfügte, schwer oder gar nicht zu ertragen. In *Über das Dirigiren* werden sie daher mit dem Epitheton „elegant" abqualifiziert und mit dem Beigeschmack der Oberflächlichkeit versehen.

Antisemitismus

Was bei all dem besonders auffällt, ist die Tatsache, dass Mendelssohns jüdische Herkunft in dieser Auseinandersetzung keine Rolle spielte. Mendelssohns andere, in Wagners Augen falsche Musikauffassung wurde nicht damit begründet, dass Mendelssohn Jude sei. Man mag einwenden, dass dieses Argument nicht mehr nötig war, da Wagner kurz zuvor, Anfang März 1869, seine berüchtigte Schrift *Das Judenthum in der Musik* erneut veröffentlicht hatte.[21] Doch scheint das zu kurz zu greifen; denn Wagners Auseinandersetzung mit Mendelssohn war damit, wie gerade die Schrift *Über das Dirigiren* nachdrücklich belegt, ganz offensichtlich nicht beendet, und sie ging, wie die Schrift ebenfalls unübersehbar bezeugt, über den Aspekt des Jüdischen hinaus. Die künstlerischen Prinzipien, die Wagner angriff und angreifen zu müssen meinte, ließen sich mit diesem Gesichtspunkt allein anscheinend weder erfassen und benennen noch auch widerlegen.

Wagners Antisemitismus macht sich in der Schrift, auch wenn das Judenthum oder das Jüdische darin weder Thema noch Argument ist, dennoch immer wieder bemerkbar. Da ist von den „Musikbanquier's" die Rede, die angeblich „aus der Schule Mendelssohns" kommen, womit das uralte Vorurteil, die Juden hätten es nur auf das Geld abgesehen, mobilisiert wird. Oder man nehme den Schlusssatz: Dass Joseph Joachim eine jüdische Herkunft hatte, wird zwar nicht direkt ausgesprochen, jedoch damit angedeutet, dass Joachim, sollte er der Messias sein, keine Kreuzigung zu fürchten habe; denn nach Wagners Überzeugung würden die Juden keinen Juden kreuzigen. Der Satz veranschaulicht, dass auch Wagners Antisemitismus seine Wurzeln im Christentum hatte, das den Juden stets die Kreuzigung Jesu vorgeworfen hat. Wie in sich widersprüchlich Wagners Antisemitismus war, veranschaulicht die Stelle, an der Wagner seinen Eindruck vom Vortrag eines Bach'schen Klavierstücks durch Ferdinand Hiller beschrieb: „dagegen floß das Stück unter den Händen meines Freundes mit einer ‚griechischen Heiterkeit' über das Klavier hin, daß ich vor Harmlosigkeit nicht wußte wohin, und unwillkürlich in eine neu-hellenische Synagoge mich versetzt sah, aus deren musikalischem Kultus alles alttestamentarische Accentuiren auf das Manierlichste ausgemerzt war." Hier scheint „alttestamentarisch" positiv besetzt, das doch zweifelsfrei jüdisch ist.

---

21 CT I, S. 67f.

Die „griechische Heiterkeit", in die Ferdinand Hiller Bachs Musik nach Wagners Eindruck versetzt hatte, war in Wagners Augen eine unstatthafteVerharmlosung. Dahinter sah er einen „neuen Begriff von Klassizität" am Werk, den er als Versuch der Glättung und Einebnung empfand. Gerade das Spezifische an großer Kunst ging damit für ihn verloren, zum Beispiel das „Drastische" an Beethoven, womit Wagner jene Seite der Kunst meinte, die nicht den herrschenden ästhetischen und gesellschaftlichen Normen und Gepflogenheiten angepasst ist. Dass er dabei vor allem auch sich selbst und seine Kunst im Auge hatte, versteht sich. Die neuen Wege, die er ging, wurden in seinen Augen durch eine falsche und illegitime, von Klassizismus und Biedermeierlichkeit gelenkte Tendenz zur Beschränkung, Zurücknahme und Rückwärtsgewandtheit bedroht. Diese Tendenz beobachtete er in Franz Lachners neubarocken Orchestersuiten ebenso wie in der Johannes Brahms zugeschriebenen „Rückkehr zur Schubert'schen Liedermelodie". Die Einvernehmlichkeit, die in dieser Beziehung herrschte, beschnitt oder verweigerte dem Individuum, zumal dem Künstler, wie Wagner ihn verstand, die Freiheit der Entfaltung. Die Kürzungen in den *Meistersingern von Nürnberg*, wie sie bei der Aufführung in Dresden 1869 ohne Rücksicht auf den Autor vorgenommen wurden, erlebte Wagner daher buchstäblich als Verwundungen, die ihm durch die Gesellschaft zugefügt wurden. Die Dirigenten, deren Aufgabe es gewesen wäre, dies zu verhindern, handelten nicht im Sinne des Autors, was nach Wagner ihre Aufgabe gewesen wäre, sondern im Einverständnis mit der Gesellschaft. Wagner sah sich bestraft, weil er gegen die gesellschaftlichen Reglements verstieß.

In vielen seiner Opern werden soziale Tabus gebrochen – man denke nur an den 1. Akt der *Walküre*. Wagner erotisierte das Operntheater, und mit dieser Erotisierung, die unterschwellig auch in der Schrift *Über das Dirigiren* spürbar ist, traf er auf die Prüderie der Gesellschaft seiner Zeit, hinter der er „den armen Geist des deutschen Philisterthums" vermutete. In der ersten Fassung der Schrift hatte er hier noch angefügt: „Ich glaube, dass der protestantische Pietismus unserer Tage ihm viel Befruchtung zuführt; unter Umständen mag auch der Jesuitismus dazu mit beitragen." (vgl. Anm. zum Editionstext oben S. 62, 36). Die Unterdrückung und Verdrängung von Erotik und Sexualität durch die Gesellschaft, die Wagner in seinen Bühnenwerken thematisierte, erschien ihm als die Kehrseite einer Verharmlosung des Lebens überhaupt. Als deren Markenzeichen betrachtete er die zitierte „griechische Heiterkeit", die in seinen Augen nichts anderes war als eine „seichte Abfindung mit allem Ernsten und Furchtbaren des Daseins" – unverantwortliche Oberflächlichkeit als „System neuester Weltanschauung". Damit konnte und wollte sich Wagner als Anhänger der pessimistischen Weltsicht Schopenhauers nicht arrangieren.

Wagners Schrift *Über das Dirigiren* ist ein Dokument der musikalischen Aufführungspraxis und -geschichte seiner Zeit. Berichtet wird von Zuständen, die Wagner als Kapellmeister antraf, und von üblichen Verfahrensweisen beim Musizieren. Vieles davon ist heute nur mehr von historischem Interesse, weil es – wie die Besetzung der Orchesterstellen nach dem Alter („Anziennitätsgesetz“) – sinnvollerweise geändert wurde. Nach Wagners Darstellung waren die meisten Orchester quantitativ wie qualitativ unzulänglich ausgestattet, so dass sie der seinerzeit neuen Musik gar nicht gewachsen sein konnten – und mit neuer Musik meinte Wagner nicht nur seine eigene, sondern auch noch diejenige Beethovens, insbesondere dessen IX. Symphonie. Die Orchester waren ihm prinzipiell zu klein besetzt, namentlich bezüglich der Streichinstrumente. Aber nicht nur mehr Instrumentalisten waren zu fordern, sondern auch technisch versiertere. Der normale Bratschist war nach Wagner nicht in der Lage, die Bratschenstimmen in Werken wie *Tristan* oder *Ring des Nibelungen* auszuführen, eine Schwierigkeit, mit der er auch noch anlässlich der ersten Bayreuther Festspiele 1876 zu kämpfen hatte.

Die Orchester waren Wagner aber nicht nur zu klein besetzt und technisch mangelhaft, sie entsprachen auch klanglich nicht seinen Vorstellungen. Er kritisierte Lautstärke und Ton von Flöten, Oboen und Klarinetten, vor allem aber allgemein den Mangel an Spannweite der Dynamik. Nach seinem Eindruck verfügten die Orchester weder über ein tatsächliches Forte noch über ein entsprechendes Piano. In dieser Einschätzung steckt allerdings wohl mehr Kritik am verbreiteten Schlendrian, wie sie seit eh und jeh geübt wird, als eine Aussage über die individuelle Klangvorstellung Wagners. *Über das Dirigiren* ist ein Angriff auch auf jene Gewohnheiten, die sich nur als Traditionen maskieren, jedoch keine sind.

Für die Geschichte des Dirigierens wichtig erscheint, was Wagner über die Praxis beim Leipziger Gewandhausorchester berichtet. Danach wurde Instrumentalmusik dort nicht von einem Dirigenten „dirigiert“, sondern vom Konzertmeister geleitet, der dies vom ersten Violinpult aus mit dem Geigenbogen in der Hand tat. Das Dirigieren war der Vokalmusik vorbehalten, vermutlich in Konsequenz der noch aus dem 18. Jahrhundert stammenden Musikästhetik, nach der unter Musik im engeren und eigentlichen Sinne die Vokalmusik verstanden wurde. Der Konzertdirigent ist die Folge der Emanzipation der Instrumentalmusik, wie sie sich im 19. Jahrhundert vollzogen hat.

In der Oper hatte der Dirigent dagegen stets seinen angestammten Platz, allerdings saß er bis ins frühe 19. Jahrhundert hinein am Cembalo oder Hammerflügel, war also zugleich Mitspieler und als solcher zwangsläufig nicht jener Souverän, der er heute ist. Was Wagner an den Operndirigenten seiner Zeit vor allem auszusetzen hatte, war deren in seinen Augen falsche Einschätzung der Oper. Sie betrachteten sie nach Wagners Eindruck nicht als theatralische Gattung, sondern so, als „gehöre die Oper der absoluten Musik zu“. Damit verkannten sie ihr Wesen total; denn für Wagner ist die Musik im Gesamtkunstwerk der Oper oder des Musiktheaters nur ein Teil und als solcher – was vor allem wichtig ist – so eng mit den anderen Teilen verknüpft, dass er daraus nicht zu lösen ist und daher auch nicht für sich genommen werden kann. Ein Dirigent also, der in der Oper nur die Musik dirigiert, verfehlt seine Aufgabe.

Dirigieren

Auch was den speziellen Zweck von Wagners Schrift angeht, so handelt sie nicht nur vom Dirigieren allein, sondern generell vom Aufführen von Musik. Immer wieder bezieht sich Wagner nämlich auch auf Stücke aus der Klavier- und Kammermusik wie Bachs *Wohltemperiertes Klavier*, Beethovens Klaviersonaten oder dessen Streichquartette. Als unabdingbare Voraussetzung jeder Aufführung betrachtete er den bedingungslosen Einsatz der Musiker für den jeweiligen Komponisten, in seinen Worten: „für den Meister voll und ganz einzutreten“. Das bedeutet Respekt vor der Partitur, der sich in der Korrektheit zeigt, mit der das Werk ausgeführt wird. Diese Korrektheit forderte Wagner wie selbstverständlich auch für italienische Opern wie Bellinis *Norma* oder Rossinis *Il barbiere di Siviglia*, obwohl er, wie man weiß und auch die Schrift *Über das Dirigiren* zeigt, der italienischen Oper meist verständnislos-ablehnend gegenüberstand. Doch obsiegte in dieser Frage offenkundig die Gewissenhaftigkeit des Musikers über dessen chauvinistische Ansichten. Dass Wagner mit Korrektheit gegenüber der Partitur keine pedantische Buchstabentreue meinte, veranschaulicht seine Kritik an Franz Lachners Ausführung der Wiederholungen im langsamen Satz von Mozarts g-Moll-Symphonie.

Wagner beklagte das Fehlen ausführlicher Vortragsanweisungen bei der älteren Musik – und das war für ihn diejenige von Bach bis Mozart. Doch das Mittel, diesen Mangel zu kompensieren, war nicht das sachliche Studium der Musikgeschichte, etwa im Sinne der historischen Aufführungspraxis, sondern das „natürliche Gefühl der ausführenden Musiker“, also eine eher irrationale Instanz. Entsprechend ist vom „richtigen Instinkt“ der Sänger und vom „guten Sinn der Musiker“ die Rede. Selbstverständlich attestierte Wagner sich selbst, sowohl das „Gefühl für den belebten Vortrag der Mozart'schen Kantilene“ als auch das „richtige Gefühl für die Musik“ Carl Maria von Webers zu besitzen. An seinen zeitgenössischen Dirigentenkollegen dagegen bemängelte er, dass sie „kein musikalisches Gefühl“ hätten. Liest man zudem einen Satz, wie den, an Franz Liszt sehe man, „was alles Studium ist gegen die Offenbarung“, dann ist man versucht, anzunehmen, Wagner habe die angemessene Ausführung von Musik allein dem Genie zugetraut. Andererseits nannte er den „Weg des musikalischen Gefühls“ ausdrücklich „einfach“, was sich wiederum so auslegen lässt, als sei er auch anderen als nur den Genies zugänglich.

Im Zentrum von Wagners Überlegungen zum Dirigieren und zum Aufführen von Musik überhaupt steht das Wechselverhältnis zwischen Tempo und Vortrag. Dabei hat man sich den Vortrag, der in der Schrift *Über das Dirigiren* allerdings keine genaue Definition erhält, als die Summe oder das Zusammenspiel aus Dynamik, Artikulation, Phrasierung und Agogik vorzustellen. Jedenfalls wären damit genau jene Parameter erfasst, auf die der ausübende Musiker wesentlichen Einfluss hat. Tempo und Vortrag sind ihrerseits abhängig von der Eigenart der Komposition, für die Wagner auch den Begriff des „Melos“ verwendet. Erst wenn darüber Klarheit herrscht, können Tempo und Vortrag festgelegt werden.

Ausgangspunkt der Bestimmung des „Melos“ ist der Gegensatz von „getragenem Gesang“ (Adagio) und „bewegter Figuration“ (Allegro). Nach Wagner lässt sich alle Musik auf diese zwei Erscheinungsformen zurückführen, die als Idealvorstellungen die beiden Enden einer Skala bilden. Dort, wo das Adagio extrem ausgebildet ist, also gleichsam seine Idee erreicht, kann es nicht langsam genug ausgeführt werden, entsprechend das Allegro nicht schnell genug. Als Beispiele für das zweite nennt Wagner die Schlusssätze von Mozarts Es-Dur-Symphonie KV 543 und von Beethovens 7. Symphonie. Es ist also die vornehmliche Aufgabe des Dirigenten zu erkennen, welcher der beiden genannten Erscheinungsformen der Musik die jeweilige Komposition angehört. Die Entscheidung ist jedoch nicht einfach, da es sich meist nicht um ein Entweder-Oder handelt. Vielmehr ändert sich der Bezug der Musik zum einen oder anderen Typus von Satz zu Satz, von Abschnitt zu Abschnitt, im Extrem von Takt zu Takt, so jedenfalls in Wagners Augen.

Dass das seine aufführungspraktischen Konsequenzen hat, leuchtet unmittelbar ein. Vor allem zieht es das nach sich, was Wagner die „Modifikation des Tempo's“ nannte. Kaum etwas war ihm wichtiger als das. Folgerichtig bezeichnete er die „Modifikation des Tempo's“ als das „wahre Lebensprinzip unserer Musik überhaupt“. Die in *Über das Dirigiren* mitgeteilten Aufführungsbeschreibungen zur *Freischütz*-Ouvertüre und zum Vorspiel der *Meistersinger von Nürnberg* haben fast ausschließlich die Modifikationen des Tempos zum Gegenstand.

Von zentraler Bedeutung dabei ist, dass die Modifikation, also der Übergang vom einen zum anderen Tempo, meist „unmerklich“ vor sich gehen soll. Wagner stellt zwar die Forderung nach der Unmerklichkeit nicht ausdrücklich auf, doch die Häufigkeit, mit der die Vokabel „unmerklich“ in der Schrift *Über das Dirigiren* auftritt, ist unübersehbarer Beleg für die Intention. Bezogen auf Wagners eigenes Werk erscheint die Unmerklichkeit der „Modifikation des Tempo's“ als das aufführungspraktische Äquivalent zum Prinzip der „Kunst des Ueberganges“[22], mit dem Wagner die Art seines Komponierens im *Tristan* charakterisierte. Bezogen auf andere und ältere Musik ist die Unmerklichkeit der Tempoänderungen der unabdingbar notwendige Tribut an die traditionelle Aufführungspraxis, für die das Tempo ein Garant der Einheit der Komposition war. Tempomodifikationen, die als solche auffallen, bergen die Gefahr in sich, die Musik in ihre Einzelheiten zerfallen zu lassen.

---

22 Brief Wagners an Mathilde Wesendonck vom 29. Oktober 1859, in: SBr 11, S. 329. Zum Begriff vgl. Carl Dahlhaus, *Wagners „Kunst des Übergangs“. Der Zwiegesang in „Tristan und Isolde“*, in: *Zur musikalischen Analyse*, hg. von Gerhard Schuhmacher, Darmstadt 1974 (*Wege der Forschung* CCLVII), S. 475-486.

Mit seinem Prinzip der „Modifikation des Tempo's" stieß Wagner bei seinen Zeitgenossen auf Kritik und Ablehnung. Da es vor allem für seine eigenen Werke, spätestens vom *Rheingold* an, konstitutiv ist, suchte er verständlicherweise nach einer Legimitation. Sie glaubte er in der Musikgeschichte zu finden. Wagner wertete den stilistischen Wandel von Mozart zu Beethoven als so einschneidend, dass die Namen dieser Komponisten für ihn grundverschiedene Arten von Musik symbolisierten. Zu ihrer Kennzeichnung nahm er Friedrich Schillers Essay *Über naive und sentimentalische Dichtung* zu Hilfe und bezeichnete entsprehend Mozarts Allegro als „naiv", das Beethoven'sche dagegen als „sentimental". Das Mozart'sche Allegro ist schnell und hat weitgehend einheitliches Tempo, das Beethoven'sche dagegen braucht, um überhaupt verständlich zu sein, die „Modifikation des Tempo's". Die Schlussfolgerung für den Dirigenten ist, dass er Mozart nicht „sentimental" und Beethoven nicht „naiv" auffassen und aufführen darf. Genau das aber taten Wagners Zeitgenossen, und da Wagners eigene Musik ebenfalls der „sentimentalen" Art zugehört, wurden sie auch ihr nicht gerecht.

Mit dieser Verkennung des historischen Ortes der Musik verband sich in Wagners Augen die Ignoranz gegenüber der Gattung der Oper. Die Dirigentenkollegen hatten noch immer nicht zur Kenntnis genommen, dass es sich bei der Oper um die „Anwendung der Musik auf die dramatische Kunst" handelt. Er forderte Sinn und Verständnis für den „dramatischen Gesang und Ausdruck". Entsprechend verlangte er, ein Dirigent müsse die Musik, die er zu dirigieren habe, selbst singen können. Damit meinte er jedoch nicht den naiven Gesang des Laien. Das Vorbild war vielmehr die Opernsängerin, bezeichnenderweise der „seelenvoll sicher accentuirte Gesang der großen Schröder-Devrient". Wilhelmine Schröder-Devrient verkörperte für Wagner das Idealbild der Sängerdarstellerin. Dass ausgerechnet sie, deren besondere Qualitäten allen zeitgenössischen Berichten zufolge gar nicht im explizit sängerischen Bereich lagen, das Vorbild war, veranschaulicht, wie stark Wagners Musikvorstellung vom Theater herkam. Entsprechend stellte er sich den Dirigenten vor.

Dank

Diese Edition wäre nicht zustande gekommen, wenn nicht Siegfried Mauser besonderes Interesse dafür gezeigt hätte. Die Idee, Wagners Schrift *Über das Dirigiren* heutigen Musikern und besonders Studenten durch eine zuverlässige Ausgabe zugänglich zu machen, fand sogleich seinen uneingeschränkten Beifall. Er war es auch, der den Herausgeber immer wieder zur Arbeit ermunterte, so dass nun endlich das Produkt vorliegt. Siegfried Mauser gilt daher der besondere Dank des Herausgebers.

Für die Bereitstellung der Quellen ist dem Nationalarchiv der Richard-Wagner-Stiftung in Bayreuth zu danken, insbesondere Kristina Unger.

Bei der Lösung der vielfältigen Probleme, die es beim Kommentieren der Schrift zu lösen galt, haben die folgenden Personen tatkräftig mitgewirkt: Bernhard R. Appel, Bonn; Beatrix Borchard, Hamburg; Dieter Borchmeyer, München; Gerhard Dill, München; Ludwig Finscher, Wolfenbüttel; Karl Wilhelm Geck, Dresden; Geneviève Geffray, Salzburg; Dirk Heißerer, München; Gunther Joppig, München; Alexander Krause, München; Gabriele E. Meyer, München; Armin Raab, Köln; Wolfgang Rehm, Griesheim; Klaus Peter Richter, München; Michael Struck, Kiel; Ralf Wehner, Leipzig. Ihnen allen schuldet der Herausgeber großen Dank.

Last but not least ist Claus Bockmaier sehr herzlich zu danken, der sich mit großem Engagement und souveräner Sachkenntnis den Mühen des Layouts, der technischen Einrichtung und der Redaktion unterzogen hat. Zu danken ist schließlich Felicitas Schwab für die sorgfältige Herstellung der Notenbeispiele.

München, im Frühling 2015 *Egon Voss*

Register

Personen

Werke